ON
春秋社
GAKU
音楽学
GAKU
叢書

沼野雄司
Yuji Numano

音楽学への招待

Invitation to musicology

春秋社

はじめに

音楽学、という学問分野をご存知だろうか。

そんな単語を聞いたことがないというひとでも、どんな学問かはすぐにわかるだろう。読んで字のごとく、音楽についての学問の総称が「音楽学」である。

実は、ほとんどの日本の音楽大学には音楽学の専攻課程があるし、一般大学の場合ならば、美学専攻などの課程において音楽学の研究ができる。また、日本音楽学会をはじめとするいくつかの専門学会が存在し、多くの研究者がそれらに属している。つまり、一般的にはあまり知られていないけれども、立派な学問分野なのである。

筆者は大学と大学院で音楽学を専攻し、現在は音楽大学で音楽学を教えている。少々偉そうな呼び名をゆるしていただけるならば、つまりは「音楽学者」だ。

講義でよく学生に話すのだが、もしも生まれかわることができたら、また音楽学者になりたいと強く願っている。まずは単純に音楽が好きなので——もっとも、音楽がきらい、というひとに会ったことはないけれど——対象に触れること自体に喜びがある。演奏会にいったり、CDを聞いたり、ピアノやギターをつま弾いたりするのがすべて「仕事・研究」の一部なのだといったら、その特権的ともいってよいあり方が伝わるだろうか。対象に触れる圧倒的な楽しさがあり、さらにそれについて調べたり、論じたりする楽しさがあるから、一粒で二度おいしい学問なのである。

そしてもうひとつ、音楽学にはとても良いところがある。学問としての枠組みが形成されたのが一九世紀なかばと比較的遅いせいもあって、音楽あるいは音とどこかで関連していれば、どんな研究でも簡単に「音楽学」になってしまうという融通無碍な性格をもっていることだ。つまり対象と方法論が極度に自由なのである。

特定の音楽家について調べてもいいいし、音響現象に物理学的にせまってもいい。あるいは腱鞘炎の研究だって立派な音楽学だし、哲学的に音楽という存在を考えてもいい。もちろんクラシック、民謡、ヒップホップから童謡までどんな音楽でも研究対象になるし、駅の発車ベルや動物の鳴き声について研究するのもアリだ。さらには現実の音ではなく、文学のなかに出てくる音や音楽、絵画の中に描かれた音や音楽だってかまわない——ちなみにこれらの例はすべて、いずれも実際に内外の音楽学会で発表されたことのあるテーマである。

だから、およそ巷の「○×学」という学問はたいてい、その○×の前に音楽、という一語を挿入するだけで、音楽学の一分野として成立してしまう。たとえば音楽史学、音楽哲学、音楽物理学、音楽経済学、音楽教育学、という具合に。

筆者は若いころにラグビーをやっていた時期があるのだが、あのスポーツのよいところはテニスやサッカーなどとは異なり、ヤセ、デブ、チビ、ノッポなど、さまざまな身体的特徴を持っているひとそれぞれに、最適のポジションがあることだ。音楽学は、ラグビーのこうしたあり方によく似ている。誰でもひとつくらいは得意な（好きな）分野があるはずだが、音楽学はその扉から堂々とはいってゆくことができる。逆にいえば、「正面の入り口」というものは音楽学にはない。数学が得意ならば数学から、哲学が得意ならば哲学から、フランス文学が好きな人はフランス文学から、政治に興味のあるひとは政治から音・音楽にアプローチすればよいのである。もちろん五線譜が読めなくたって、できる研究はいくらでもある。

つくづく、いい学問ではないか。

ただし、音楽学という分野が進展・発展するにつれて、どうしてもひとりの研究者が担う対象は細分化される傾向にある。かつてならば「バロック音楽の研究」といったくらいの幅で十分だったものが、徐々に「バッハ研究」というように専門化され、さらには「バッハの鍵盤楽曲の資料研究」みたいに研究分野が狭まってゆくわけだ。これはけっして悪いことではない。専門的に掘りさげようとすれば、対象が限定されるのは当たり前であり、ましてや、学会のような場所で論文を発表するならば、狭く深く、がっちり着実に対象を扱うことが、どうしても求められる。また、昨今の学者に課せられている業績主義は、必然的にこうした傾向をおおきく加速させている。

だから仕方のないことではあるのだが、先に述べたように、「音楽学」の場合、そもそも極度に自由な学問なのだからと、少しばかり残念に感じることもある。みんな、もっとさまざまな角度から、さまざまな対象を扱ってもいいいんじゃないか。それが許されるのが音楽学ではないか、などと勝手に思ったりもするわけだ。

ふと気づいてみると、筆者はもともと落ちつきのない性格ゆえか、これまでの研究者人生のなかで、ずいぶんと異なった角度から、異なったタイプの音楽について調べたり、発表したりしてきた。それをまとめて開陳してみたらどうだろうか、というのがこの本の基本的なアイディアである。天才的な大学者ならばともかく、ごく普通の能力しか持たない人間にとっては、これは僭越であり、傲慢であり、身のほどしらずな行ないなのかもしれない。

しかし、こんな方法でも、こんな対象でも、こんなやり方でもいい、という音楽学ゆえの自由と愉しみを伝える道化が、ひとりくらいはいたってよいだろう。少なくともその役を買ってでようと考える程度には、筆者はこの学問に恩義を感じているのである。

道化の踊りは、以下のような道筋を辿る。

まず、第1章「駄作の考古学」では、ワーグナー作品の中でもほとんど知られておらず、さらに専門家からは駄作と断じられている「アメリカ建国百周年行進曲」を取りあげて、そのユニークな成立経緯と、実はこの「駄作」がその後のアメリカ音楽に少なからぬ影響を及ぼしたことを論じる。

第2章「モーツァルト効果狂騒曲」では、一九九三年にネイチャー誌に掲載された、「モーツァルトの楽曲を聴くと知的能力がアップする」という論文を皮切りにして始まった、世界中の研究者によるさまざまな追試（キテレツなものが多数ある）や論争を紹介しながら、この騒動の全体像を描き出す。

第3章「音楽のエクフラシス」では、ドビュッシーの管弦楽曲「海」の第1楽章が、実は当時彼が読んでいたであろう短編小説「サンギネールの島々の美しい海」のエクフラシス（芸術ジャンルの変換）である可能性を指摘し、小説のあらすじと楽曲の関連性について分析的に検証する。

第4章「不確定性音楽をめぐるコミュニケーション」では、ジョン・ケージらによって実践された「図形楽譜」はなぜ読み得るのか、という問題を扱いながら、この一見するとインチキくさくも見える楽譜に、音楽をめぐるコミュニケーションの本質的な問題が潜んでいることを論じる。

第5章「儀礼・軍楽・芸能」では、プロレスラーが入場する際のテーマ音楽について歴史的な変遷をたどりつつ、いったい、なぜこんな音楽があらわれたのか、どのような役割を持っているのかについて、できるかぎり根源的な考察をくわえる。

第6章「言語による音楽創造」では、音楽作品のタイトルが一体いつから付されるようになり、そしてどのような機能を果たしているのかについて考えた上で、戦後の日本において書かれた現代楽曲のタイトルを統計的に分析し、作曲家たちが自らの曲に与えようとしたイメージについて論じる。

そして最後の第7章「あなたは現在、あるいはかつて共産党員でしたか？」では、ドイツからアメリカに亡命した作曲家ハンス・アイスラーがこの地で出会った「赤狩り」裁判の様子を、当時の資料と、その後公開されたＦＢＩのファイルから明らかにする。

各章は順に、音楽史学（第1章）、音楽心理学（第2章）、音楽解釈学（第3章）、音楽社会学（第4章）、音楽民族学（第5章）音楽美学（第6章）、音楽政治学（第7章）に属する研究ということができるだろうか。

では、いざ……。

音楽学への招待　目次

音楽学への招待

第 1 章

駄作の考古学

ワーグナー「アメリカ独立百周年行進曲」をめぐって

【音楽史学】

音楽を歴史的文脈において扱う分野。音楽学の成立から現在にいたるまで、その中心的な柱のひとつである。きわめて多様な形態をとるが、その方法論の基礎になっているのは、歴史学に範をとった、史料の収集、読解、再構成ということになろう。

音楽学という学問の役割は、「天才」が書いた「傑作」の秘密を解きあかすことにあると考えているひとは少なくない。実際、筆者は学生時代に「二流の作曲家の研究をしても仕方ない」と、高名な先生からアドバイスされたことを今でもよく覚えている。

こうした考え方に立てば、駄作を研究するのは単なる時間の無駄だろう。また、教条的な名作主義をとらないとしても、駄作あってこその傑作、というように、傑作を支える少々不格好な突起物として「駄作」があると考えているひとは多いはずだ。

もちろん、駄作か傑作かは、一義的に決まるわけではない。ひとによって好みは違うし、時代や地域によっても評価はことなる。音楽史をふりかえってみれば、発表時には駄作とされていたものが、歴史を経るなかで傑作へと変貌した例は枚挙に暇がない（武満徹が、その公的な処女作を当時の大評論家に「音楽以前」と評されたのは有名なエピソードだ）。

しかし、それでも。

大作曲家の手によるものにもかかわらず、長きにわたって容赦なく「駄作」の烙印を押され、ひっそりと知られぬままになっている不人気曲もある。たとえば以下の文章を読んでいただきたい。

> 平凡な作品である。主要主題は力強くあるが、一種「マイスタージンガー」風の細部の仕上げは――「皇帝行進曲」の場合と同じように――本物の展開部のかわりに単なる埋め草のように響く音楽に頼っていて、説得力に欠ける。
> 　　　　　　　　　　　　　　　　　　　　　　　（ミリントン 1999:218）

> 主要主題は華麗で力強く印象的ではあるが、この主題に基づく三連符の動機が脈絡なくただ反復されるだけの平凡な作品である。中間部分も経過句のような漠然とした音楽展開が延々と続く退屈なものとなり、音楽的な必然性や説得力にも欠けている。
> 　　　　　　　　　　　　　　　　　　　　　　　（三光ほか 2002:604）

前者はイギリスのワーグナー学者バリー・ミリントンが監修した『ヴァーグナー大事典』の一節、そして後者は日本のワーグナー学者が結集して作りあげた『ワーグナー事典』の一節である。初演の批評ならばともかく、客観性を旨とする「事典」の記述としては、不思議なほどに低い評価が与えられていることが理解されよう。しかもこれらはいずれも「ワーグナー事典」であるから、基本的にはワーグナーへの支持と共感をもとに編まれた、いわば「内輪」の書物なのである。

この曲は、正式名称を「アメリカ独立宣言百周年記念式典開幕のための大祝典行進曲 Großer Festmarsch zur Eröffnung der hunderjährigen Gedenkfeier der Unabhängigkeitserklärung der Vereinigten Staaten von Nordamerika」という（以下、「祝典行進曲」）。

タイトルからも明らかなように、これは一種の機会音楽だから、ワーグナーの創作の中核をなすシリアスな楽曲では、もとよりない。しかし、先のようにあからさまな否定的評価が「事典」でなされているのにくわえて、ワーグナーの伝記類はいずれもこの曲にほとんど頁を割いていない。さらに実演で取りあげられることもきわめて稀ならば、録音も数えるほどしかない。年季の入ったクラシック・ファンであっても、よほどのワーグナー好きでない限り、この曲を聴いたことがないのではなかろうか。

若書きの習作ならばそうしたこともあり得るだろう。しかし、この曲が産みだされた一八七六年といえば、バイロイト音楽祭が「ニーベルングの指環」全曲をもって開幕した記念すべき年である。つまりはワーグナーの創作における絶頂期といってもいい。それなのに同年の「祝典行進曲」は、バイロイトの栄光の影に隠れて、作品表の片隅にひっそりと名を残すのみなのである。

ワーグナー学者からも、ワーグナー・ファンからもまったく注目されない作品。詳細な伝記においても、単に名が記される程度で、音楽的にはほとんど話題にもならない作品。

実際に音を聴いてみると、その理由がある程度は理解できる。円熟期を迎えた巨匠の手によるにもかかわらず、あの魔術のような転調は影をひそめ、聴き手を圧倒するはずの音の奔流は、執拗な三連符の繰り返しによってブツ切れになっている。もちろん先の評者たちが指摘したように全体の構造はやや緊張感を欠いているようにも思われるし、大団円の作り方もどこか見え透いている…。

総じていえば、奇妙なまでに不器用な手つきの楽曲なのである。しかし一方で、この曲には、なにか独特の愛嬌があることも事実だ。ワーグナーの主要作品群とは異なった、なにかしら素朴でゴツゴツした肌触りが醸しだす、どことなく憎めないキャラクターが、少なくとも筆者には確実に感じられる。

誤解を招かぬよう先まわりして言っておくと、筆者は世間に反旗を翻して、「祝典行進曲」は傑作だと、ここで宣言しようというわけではない。ただ、本当にこういう曲を調べても「仕方がない」のかどうかを試してみたいのだ。一寸の虫にも五分の魂、ではないけれども、どの曲にも固有の背景があり、そこに至る多くの事情が横たわっている。ひとつの「駄作」を掘りさげていった時に、思いもかけない光景が眼前に拡がることも、時にはあるのではなかろうか。

本章は「祝典行進曲」の成立過程を出来るかぎり詳細に解きほぐしながら、そんな光景を見いだそうとする試みである。うまくいくかどうか不安だが、幸いにしてひとつだけアイディアが手元にある――この曲を徹底的に「アメリカ音楽史」という視点から眺めてみること。やや迂回するようではあるけれども、まずはフィラデルフィア万博の話からはじめてみたい。

フィラデルフィア万国博覧会

一九世紀の音楽史において、「万国博覧会」はひとつの重要なトピックを成している。一八五一年、第一回のロンドン博におけるクリスタル・パレスは、演奏会場として重要な歴史を担っているし、フランスの作曲家たちに数々のインスピレーションを与えたパリ万博（一九世紀の内に五回開催された）はあまりにも有名だ。

一方、アメリカの万博についてはは、あまり触れられることがない。実は、ロンドンに次ぐ第二回の万博は一八五三年にニューヨークで行なわれている。これはロンドン博の成功に刺激されたものであったが、ほほえましいことに、そのシンボルになったのはクリスタル・パレスをそっくり真似した、鉄とガラスによる「ニューヨーク水晶宮」であった（一八五八年の火災で焼失）。多額の赤字を出したとはいえ、二十三か国からの展示参加と一一〇万人を越える来場者を達成した点において、この万博は、勃興しつつあるアメリカ工業を世界に知らしめるという所期の目的を十分に果たしたものと思われる。

その後のアメリカは、一八六一年から始まる南北戦争によって一旦は国土が激しく荒廃するも、北部が南部を包含するかたちで新しい国民国家のフォルムが整備され、本格的な「列強」として世界史のゲームに参戦するにいたる。この新生アメリカ合衆国が全力をあげて取り組んだのが、一八七六年のフィラデルフィア万博だった。

いうまでもなく、この一八七六年という年は、アメリカが英国との紛争を経て独立宣言を発布した一七七六年七月四日から百年という大きな節目にあたる。そしてフィラデルフィアという街は、独立宣言の起草が行なわれたのみならず、一時期（一七九〇―一八〇〇年）は合衆国の首都がおかれていた場所にほかならない。

ゆえに彼らにとって、アメリカという国の出自と発展を象徴する記念碑的な催しであるこの万博は、前回のニューヨーク博はもちろんのこと、一八七三年のウィーン博、一八六七年のパリ博の規模を越える、壮麗なものでなくてはならなかった。

　連邦議会において万博の開催が決議されたのは、開催五年前にあたる一八七一年三月三日。政府は一一五〇万ドルという巨額の予算を計上し、さらにはペンシルヴェニア州が一五〇万ドルを供出した（Doherty 2002:39）。ちなみに、この百周年を祝ってフランスから送られたのが、あの「自由の女神」である。(1)

　かくして一八七六年五月一〇日に開幕したフィラデルフィア万博は、同年の一一月一〇日まで半年間にわたって大盛況を極めることになる。参加国数は三十七か国。目玉となった発明品にはレミントンのタイプライター、ハインツのケチャップ、そして同年の三月にグラハム・ベルが特許を取得したばかりの「電話」などがあった。これらはいずれも当時のアメリカの勢いを象徴するものといえよう。

「女性百周年委員会」とセオドア・トマス

祝典に音楽は欠かせない。

連邦政府は、万博の音楽にかんするすべての事柄を、女性のみによる「女性百周年委員会」の裁量にまかせることになった。このあたり、女性の役割を積極的に構築するお国柄がみてとれるが、もしかするとその背後には音楽＝女性的というステレオタイプが潜んでいたのかもしれない。

委員会の代表はエリザベス・ジレスピーという女性。

彼女は慈善事業などを手がける人格者だったというが、なにより注目されるのはベンジャミン・フランクリンの子孫であったことだ（Overvold 1976:179）。フランクリンは一七七六年、独立宣言の起草委員として、ジェファーソンらとともに署名をおこなった政治家であり、フィラデルフィアにアメリカ初の公共図書館を設立し、あわせてペンシルヴェニア大学を創設した歴史的偉人である。となれば、ジレスピーにとって「女性百周年委員会」の仕事は、およそ一世紀前に活躍した先祖の業績を再確認し、継承する作業でもあったはずである（彼女の委員会に潤沢な予算が与えられたのは、こうした事情もからんでいるだろう）。

委員会に託された最初の、そしてもっとも大きな仕事は、万博全体の音楽監督を選出する作業だった。最初に白羽の矢がたてられたのはパトリック・ギルモア。彼は南北戦争時に大規模なバンド活動で知られるようになった音楽家で、戦後は「世界平和博」（一八七二年）などの音楽祭を企画し、ヨハン・シュトラウス二世をアメリカに招聘するなど、なかなか派手な活躍をみせた人物である。しかし、理由は定かではないものの、彼はこの役を辞退した。次の選択肢として浮かびあがったのが、新進のドイツ系指揮者セオドア・トマスだった。

もしもギルモアが監督になっていたら、おそらくワーグナーへの作品委嘱はなされていなかった。してみると、トマスがこの仕事を引きうけた時に、我々の主題である「祝典行進曲」は胚胎したといえるかもしれない。

セオドア・トマス（1835–1905）は、ドイツの音楽家の家系に生まれ、七歳でハノーヴァー国王のまえでヴァイオリンを演奏するなど神童ぶりを発揮したのち、一八四五年に家族そろってアメリカへとわたった音楽家である。移住後は、クラシック音楽の黎明期であったこの新天地で華々しい活動を展開した。

初期の注目される業績としては、一八五五年、ニューヨークにおける、ブラームス「ピアノ三重奏曲ロ長調 作品八」の世界初演がある。[2] しかし、やがて彼はヴァイオリニストとしてよりも指揮者としての活動を中心に据えるようになり、一八六四年からは自らの「セオドア・トマス・オーケストラ」を組織して、演奏会シリーズを開始した。このシリーズは、ドイツ・ロマン派音楽を中心にして八年間で一二二七回（！）も行なわれており、一九世紀後半におけるアメリカ音楽界の方向性、すなわちドイツ音楽偏重をどっしりと基礎づけたのだった。[3]

セオドア・トマス（1835–1905）

トマスは熱烈なワグネリアンだった。この時点ではまだ作曲家と直接の親交はなかったものの、一八六七年に二か月のヨーロッパ旅行に出た際には、ミュンヘンでハンス・フォン・ビューローと知己を得て、ワーグナーにかんするさまざまな情報を得たという(4)。

さて、彼の演奏会のプログラムを調べてみると、ワーグナー作品のなかでも、独立した管弦楽曲を好んで取りあげていることがわかる。一八七一年六月二二日に「皇帝行進曲」の、同年九月八日には「忠誠行進曲」のアメリカ初演を行なっているのはその象徴的な例だろう(Rose 1911:69)。もちろん時には楽劇の序曲・前奏曲も演奏したとはいえ、オーケストラ指揮者であった彼にとって、独立した管弦楽曲は重要なレパートリーだった。

一八七二年九月一七日には、自らのオーケストラでオール・ワーグナー・プログラムを実施。演奏順に曲目を記せば「皇帝行進曲」「ローエングリン前奏曲」「ファウスト序曲」「マイスタージンガー前奏曲」「トリスタンとイゾルデ　前奏曲と終結部」「ワルキューレの騎行(アメリカ初演)」「タンホイザー序曲」「リエンツィからバレエ」「忠誠行進曲」という具合。この際にはとりわけ「ワルキューレの騎行」が熱狂的な反応をアメリカの聴衆に引きおこしたという(同書:71)。

彼はこの直後、タンホイザーの「バッカナーレ」の楽譜の入手をビューローに依頼するも、「あなた自身で彼のところに、すなわちバイロイトに、行かねばなりません」と、すげなく断られてしまった(同書:79)。このころ、トマスとワーグナーはまだまだ遠い関係だった。

アメリカ人作曲家への配慮

こうしたなか、ジレスピーの「女性百周年委員会」からトマスのもとに舞いこんできたのが、万博の音楽監督の仕事である。

ジレスピーはトマスに対して、演奏費用の負担のみならず、祝典曲をヨーロッパの有名作曲家に委嘱することができれば、その費用をすべて「女性百周年委員会」が負担しようと申しでた。おそらくトマスの頭には、すぐにワーグナーのことが思い浮かんだはずだ。

しかし、すぐに委嘱がなされたわけではない。

というのも、これまでトマスのオーケストラは「ヨーロッパ偏重主義」という非難をたびたび受けていたからだ。たとえばニューヨーク・デイリー・トリビューン誌は一八七五年九月二〇日の紙面で「トマス氏は我が国の芸術のために何をしてくれたでしょうか？　アメリカの作曲家たちからも次々に作品が生まれており、それらはセオドア・トマス氏に逐一届けられています。ところがトマス氏はそれらの美点をよく知りながらも、結局は拒絶してしまうのです。単にアメリカ人だから、という理由によって」と痛烈な批判をくわえている（Loft 1951:186）。

建国百周年式典に際して、アメリカ人に委嘱を行なわないわけにはいかない。もともとドイツから来た「よそ者」であるだけに、トマスは十分に慎重だった。

彼はまず女性百周年委員会に対して、アメリカの作曲家と詩人がコンビをくんだ祝典曲を依頼することを提案し、二つの作品が生みだされることになる。

まずは、当時のアメリカにおける管弦楽の大家ジョン・ノウルズ・ペイン（1839–1906）と詩人グリーンホール・ウィッターによる「百周年賛歌」、そしてトマスの助手を務めていたこともある作曲家ダドリー・ベック（1839-1909）と、詩人のシドニー・ラニアーのコンビによるカンタータ「コロンビアの瞑想」である。もっとも、後述するワーグナーのギャランティに比べると、彼らにたいする手当てはかなり低かったらしい(5)。

ここまで下地を作れば、あとは躊躇せず「ヨーロッパの大作曲家」に作品を委嘱できる。実際、先のトリビューン紙は、のちにこのように述べたものだ。「これでアメリカ国民の意向は満足させられた。続いてトマス氏は、存命の世界的作曲家から重要なオーケストラ作品を得ることによって、正当にも、この祝典の国際的な性格を明確にしようとしたのだった」（Loft 1951:187）。

ちなみに、ワーグナーを選ぶことに、誰も異存はなかったようである。トマスのオーケストラだけでなく、カール・バーグマンのドイツ音楽協会やニューヨーク・フィルの初代常任指揮者セオドア・アイスフェルトも集中的にワーグナーの作品を取りあげており、当時、東海岸におけるワーグナーの人気は徐々に高まりつつあった。

トマスはさっそく友人のゴットリープ・フェーダーラインを介してワーグナーに接触する。フェーダーラインは既に「ラインの黄金」や「ワルキューレ」の詳細な分析を発表して名を知られた人物であり、ワーグナーとは昵懇《じっこん》の仲である(6)。

しかしバイロイトに居を構える巨匠の返答は、どこか煮えきらないものだった。

気乗りしない巨匠

　後期のワーグナーを考えるさいに、きわめて重要な資料が妻コジマの日記である。(7) これを見てゆくとワーグナーが毎日、どんな仕事をして、誰に会い、何を話したのかが詳細にわかる（もちろん一定のバイアスがかかっていることは常に注意せねばならないが）。その徹底ぶりは、ほとんどストーカー的な執念さえ感じさせるものだ。

　「祝典行進曲」にかんする記述を探してみると、まずは一八七五年一二月二一日の日記に「アメリカの万博開幕のための作品の注文がくる。たぶん、彼はこの委嘱を受けいれるだろう」という一節を見いだすことができる。

　彼女が予見したとおり、若干の紆余曲折を経て巨匠はこの申し出をうけることになるのだが、そもそもワーグナーはアメリカという国をどのようにとらえていたのだろうか。「祝典行進曲」に先立つこと三〇年ほど前の一八四八年六月五日、彼はフランツ・レーブマン宛の書簡で、次のように述懐している。

　私は、アメリカで富を得ようとする人々を、思いとどまらせることなどできません。そこでどんな環境に置かれたとしても、ここに比べれば富を見つけることはたやすいのですから。たとえば、アメリカへとわたった、とある貧しいファゴット奏者の話があります。彼はきわめて短い間に、一五〇〇ドルの給料をとるようになったと、妻と子どもに知らせてきたそうです。オーケストラはさらに恵まれています。というのも、この国では過去五年の間、村が次々に都市へと変貌を遂げており、あらゆる移民音楽家たちがひっぱりだこになっているのです。

(Finck 1898:504)

すなわち当時のワーグナーにとってアメリカとは、何よりも経済的に急成長を遂げた「成金国家」であった。のちに彼は、この行進曲にたいして多額の委嘱料を要求することになるのだが、その下地には、間違いなくこうした認識がある。

しかし、一八七五年一二月、突然にアメリカから降ってきた委嘱にたいして、われらが巨匠はもうひとつ乗り気になれなかった。

そもそもワーグナーは、自らの意志で創作意欲を駆動する作曲家であり、器用に注文に答えるタイプではない。一八六〇年代以降に書かれた祝典的な機会音楽にしても、ルードヴィヒII世のための「忠誠行進曲」(1864)とコジマのための「ジークフリート牧歌」(1870)は自発的に書かれた作品だし、ヴィルヘルムI世がドイツ皇帝に即位した際の「皇帝行進曲」(1871)は出版社ペータースの委嘱ではあるものの、しかしドイツという国に強い誇りを持ち、できればドイツ国歌を手がけたいとまで思っていたワーグナーにとっては、この注文は高いモチベーションで取り組み得るものだった。

今回は勝手が違う。訪れたこともない国の百周年のお祝いのために行進曲を書けというのだから。

ニューヨークにいるフェーダーラインに宛てた一二月二一日付けの手紙でワーグナーは、トマスからの委嘱に感謝したのち、以下のように述べている。

> アメリカの祝典のオープニングのために、何か曲を思い浮かべること――おそらくは行進曲の形式を使ったもの――は十分に可能だとは思います。〔中略〕ただ、もしもあなたに作品を送るとするならば、私はその見返りとして、アメリカ人が私に好意を持ってくれること、つまり歌手をめぐる深刻なトラブルで八月後半へと延期されてしまっている、私の音楽祭に関して好意をもってくれることを期待したい。アメリカからの訪問客が来てくれるという保証がほしいのです。
>
> (Overvold 1976:182)

どことなくあいまいな返答ではある。実際、一二月二七日のコジマ日記には「リヒャルトはアメリカのために作品を書くことに、大変に嫌気を感じています。彼がやるには値しない仕事だというのです」と記されている。

それもそのはず一八七五年末のワーグナーは、翌年に開幕するバイロイト音楽祭における「指環」全曲初演を目指して資金繰りと歌手選びに奔走し、さらには「パルジファル」台本の執筆など多忙な日々をおくっていた。しかも一一月にはウィーンでタンホイザー新演出の上演をおこなったのにくわえて、翌一二月にはウィーンで「ローエングリン」を指揮し、その後ベルリンにわたって

「トリスタン」ベルリン初演の演出をこなさなければならない。いわば、人生の集大成とでもよぶべき作業の山が彼の目のまえには軒並み連なっていたわけである。アメリカ百周年を祝う暇などないと考えるのも当然だ。

コジマ・ワーグナー（1837–1930）

ワーグナーにしてみれば、もしもこの仕事を引きうけるならば、せめてバイロイト音楽祭にアメリカから多くのひとが来てくれるきっかけになればと考えたのだろう。この時点でのワーグナーは、アメリカから莫大な委嘱料をせしめようなどとは思っていなかったはずだ。著作権が保証されていれば、それなりの金額は入ってくるのだから。

五千ドルの要求

ところが、著作権をめぐる状況は、ワーグナーが思ってもみなかったものだった。アメリカの法律によれば、アメリカ国内における著作権を作曲者が保持することが不可能であることが判明したのである（Loft 1951:187）[8]。これでは割があわない。この直後のトマス／フェーダーラインとワーグナーのやり取りについては不明だが、おそらくトマス側は、その埋めあわせに、通常よりも多額の委嘱料を払うことを提案したのではないだろうか。

かくしてワーグナーは直接トマスに対して委嘱額を提示することになる。一八七六年二月八日、トマスへの手紙で、ワーグナーは返事が遅れたことを謝ったのちに、次のように切り出した。

> 私は大オーケストラのための作品、それも「皇帝行進曲」と同じような質と特徴を備えたものを、アメリカ独立百周年のために書く準備が出来ています。この作品を三月一五日にはお送りするので、そちらで定めたドイツの銀行に、楽譜の受けとり料として五千ドルを支払っていただきたい。私は、この金額によって、アメリカにおける完全な作品所有権をあなたがたに与えるつもりです。もっともヨーロッパ内にかんしては、私はショット社との契約があるので、権利を譲ることができません。しかし、アメリカ初演後六か月間はドイツでの出版を許さないことを約束しましょう。(9)
>
> もしかするとあなたはアメリカでの無制限な所有権（もちろん演奏権も含めます）のためにこれだけの額を払うことを、得策だとは思わないかもしれませんが、しかしこの額は私の最近の経験によってきめられたものです。まず、私は既に三千ターラーのオファーを、同様の作曲に関してベルリンの出版社から提示されています。(10)しかも、これは国家の祝典のための曲ではありません。また、ヴェルディ氏は彼の出版社であるリコルディから五〇〇万フランもの金額を「レクイエム」の全ての著作権と演奏権のかわりに受け取ったとのことです。(11)そんなわけで、すでに名を成した作曲家の作品の価値を、このように決定することも許されるように思うのです。
>
> (Jost 1995:LV-LVI)

文面からは、「五千ドル」という法外な要求を先方が呑むのかどうか心配している様子がひしひしと伝わってくる。

ところで、当時の五千ドルとは、現在でいえばどの程度の金額だろうか。ひとつの試算によれば二二倍ほど、すなわち今日における一一万ドル（千三百万円程度）程度になる。(12) もちろん過去の貨幣価値を現在に換算するのはきわめて困難であり、半ばおあそびの域をでないものではあるが、いずれにしても一〇〜一五分程度の行進曲の委嘱料としてかなりの高額であることは間違いない。ちなみに、ピアニストのアントン・ルービンシテインが一八七二〜七三年にアメリカ・ツアーを行なった際、一晩のギャランティは二〇〇ドルだったというが、この額を二二倍にしてみると、およそ四四〇〇ドル（五二万円程度）という結果が得られるから、なるほど先の概算は、なかなかに妥当な線のようにも思われる。

さて、ワーグナーは、この手紙を投函した後、要求が通るかどうか半信半疑ながらも、翌九日からスケッチを開始した。ここからの妻コジマの日記には頻繁にこの作品が姿をあらわす。いくつか抜いてみよう。

・二月九日　「リヒャルトはアメリカ人のための作品（独立百周年の国際式典開幕のため）に取り掛かっています。彼はこの作品のために五千ドルを要求したのですが、我々はプロ

・二月一一日　「リヒャルトは朝も午後も作曲しています。彼もいうように、はじめてお金のために作曲しているのです！」

・二月一二日　「リヒャルトは作曲していますが、残念ながら楽しんではいません」

・二月一四日　「リヒャルトは依然として作曲していますが、何も思い浮かべることができないと不満を漏らしています。今回は『皇帝行進曲』や、豪華な船を思い描いて作曲した『ルール・ブリタニア』の場合とは異なっているというのです。しかし彼は、自らが要求し、場合によっては受け取ることができないと思われる五千ドルのみを脳裏に浮かべています」

モーターがこれに同意するかどうか訝しく思っています」

動機が不純なせいか（?）、どうにも筆がすすまないようだが、一方で彼は同時に手掛けていた「パルジファル」には喜々としてとりくんでいたようだ。二月一六日のコジマの日記には、次の記述があらわれる。

「夕食後、彼は私に最新のスケッチ帖を見せてくれたのですが、そこには『アメリカ風の試み』と書かれていました。これはパルジファルに向けて女の子たちが歌う合唱『いらっしゃい、いらっしゃい、可愛い坊や』という部分をさしているというのです。彼はパルジファルについてばかり考えていているのですが、様々なことによって中断されるので悲しんでいます」。

ライフワークである「パルジファル」が多忙のあまりなかなか進まない状態のなか、お金のためにアメリカの祝典曲を書くワーグナーの混乱は、おそらくは必然でもあり、どことなく滑稽にも感じられる。ちなみにパルジファルにおける「アメリカ風」という発想は、この渦中でなければ決して生じなかったことだろう。

しかしそうはいっても、さすがに練達の作曲家、彼は驚くべきスピードで、二月二〇日にはスケッチを終了させた（つまりスケッチ自体は一一日ほどで完成したことになる）。そして、およそ一か月後の三月一七日に、旅先のベルリンでオーケストレーションを施した総譜が完成した。

すでに初演まで二か月を切っている。翌一八日のフェーダーライン宛の手紙でワーグナーは、銀行家のフォイステルを通じてパリ経由で楽譜を送ったことを報告したのち、本来は三月一五日であった締め切りを守れなかった言い訳を次のように綴っている。

> 以前に契約してしまっていたベルリンとウィーンでの大変に過酷な演奏会の仕事がなかったら、私は二週間前にこれを完成することができたでしょう。こうした仕事は作品の完成をほとんど不可能にするところでした。しかしいずれにしても私は、この総譜がきちんと到着して、パート譜の作成と必要なミスの修正を経る余裕があることを心から願っています。
>
> (Jost 1995:LVII)

結局、トマスにスコアが届いたのは四月に入ってからだった。初演までおよそ一か月。パート譜も作らなければならないから、タイミングとしてはギリギリだ。かくして「祝典行進曲」プロジェクトは、クライマックスを迎えようとしていた。

女性百周年委員会への献辞

総譜を送った直後、すこしばかり困ったことが起こる。

作曲後ほどなくして、ジョゼフ・ルービンシテインの編曲によるピアノ四手版が、ショット社から出版されてしまったのである。アメリカ側にとって、これは寝耳に水だった(13)。初演後六か月以内には総譜を出版しないというのが双方の取り決めであったが、編曲譜についてはグレーゾーンともいえる。

ショットにしてみれば、アメリカでの楽曲の権利ははなから放棄しているのだから、そのくらいはかまわないと思ったのだろう。ちなみにロシア生まれの作曲家・ピアニストであるジョゼフは、ワーグナー作品のピアノ編曲を多数手がけるとともに、「ニーベルングの指環」や「パルジファル」のピアノ・リハーサルを担当したことでも知られる人物(14)。ワーグナーが気づいた時には、すでにこの楽譜はアメリカへの船に積みこまれてしまった後だった。ワーグナー自身は直後のトマスへの手紙で、この一件を謝罪し、あらためてアメリカにおける演奏権をすべて譲渡することを確認している（Thomas 1911:114）。面白いのは、その後トマス自身もピアノ編曲を作って楽譜を万博で販売していることで、この辺りはちょっとした権利闘争とも考えられよう(15)。

さて、新大陸に到着したスコアは、大歓迎をうけた。なにしろ、あのヨーロッパ随一の大作曲家、リヒャルト・ワーグナーそのひとが、アメリカ独立百周年を祝う行進曲を書いてくれたのである。

さっそくスコアを調べたトリビューン紙は四月一七日付の紙面において「すべてが作曲者の手によって記された手稿譜は、大判の紙に細かく音符がならんだ三三頁からなるもの。これよりも美しい手稿譜は稀だろう」とうれしそうに記すとともに、音楽的な内容についても「音楽の効果は、主題群それ自体の性格ではなく、主題群が『入り混じる』ことによって達成されている。この見地からいえば、本作は傑作といえる」と称賛している（Loft 1951:191）。なるほど、この曲の主題は、力強くはあっても、それだけで魅力があるとは言いがたいから、主題群の組みあわせ方に着目した記者の気持ちもよくわかる（もしかすると本心では、いまひとつ冴えない曲だと感じていたのかもしれない）。

スコア一頁目の冒頭には、ゲーテのファウストから引用したモットー「自由も生活も、これをかちとろうとする者は、日ごとに新しく闘いとらねばならない」が掲げられている。この引用について、彼は一八七六年三月二五日の手紙でトマスに次のように語っている。

タイトルの上に掲げたモットーをみれば、私が大変に真面目にことに取りくんだことをお察しいただけるでしょう。行進曲のなかにある、いくつかの柔らかく優しいパッセージは、美しく聡明な北アメリカの女性が儀式に参加している様子をあらわしています。男性ではなく、高貴な魂を持った女性たちが行列で前方を占めることを、私はうっとり想像していました。彼女らは私のこの作品にかんする中心的なプロモーターであり、もっとも精力的に働いてくれた人々だからです。

（Thomas 1911:116）

実は、まさにこの日、ワーグナーは「女性百周年委員会」が、彼の要求する五千ドルを正式に承諾したこと、ただし曲を彼女らに捧げてほしいと要求していることを、知らされたばかりだった。(16) 五千ドルが確約されるのならば、彼女らに曲を捧げるなどお安い御用だったに違いない。かくしてスコアにはあとから、次のような献辞が追加されることになった。

> 女性百周年委員会へ捧げる
> リヒャルト・ワーグナーによる
> 尊敬と友情を持って

独立百周年の祝典と、アメリカの女性たちが先導する行列。三月二五日にワーグナーの頭の中に浮かんでいたのは、本当にそうした光景だったのかもしれないし、あるいは五千ドルの紙幣だったのかもしれない。

フィラデルフィアにおける初演

一八七六年五月一〇日一〇時一五分、ついにアメリカ独立百周年を祝うフィラデルフィア万国博覧会開始式典が幕をあけた。

第一八代大統領ユリシーズ・グラントを含む二万五千人の聴衆の前で、一五〇人のオーケストラと八〇〇人の合唱は、以下のようなプログラムを演奏した。(17)

第一部
国民歌(18)
献堂式序曲　(ベートーヴェン)
舞踏への勧誘　(ウェーバー)
「魔笛」からアリア　(モーツァルト)

第二部（百周年開会新作プログラム）
百周年祝典行進曲　（ワーグナー）
百周年賛歌　（ペイン）
百周年記念カンタータ「コロンビアの瞑想」（バック）
ハレルヤ・コーラス　（ヘンデル）

第三部
美しく青きドナウ　（シュトラウス）
セレナーデ　（シューベルト）
「ポルティチの娘」序曲　（オーベール）

式典の目玉が、第二部の冒頭に置かれているワーグナー作品であることはいうまでもない。ちなみに作曲者自身は、初演においては曲の途中で大砲を使うことを提案していた。トマスへの手紙には次のようにある。

二三頁、二四頁の二つの大きなパウゼの箇所の楽譜に示した通り、とりわけ初演では、少し離れた場所から大砲やマスケット銃を放つことによって印象を強烈なものにすることができると思います。その後の演奏では、この荘厳な大砲の効果はベートーヴェン「ウェリントンの勝利」のようなバスドラムとガラガラの使用によって担うことが可能でしょう。もちろん、これは離れた場所から響かなくてはならないので、ホールの隣の部屋に置くのがよいかもしれません。(Thomas 1911:115)

トマスは、結局これを採用しなかった。あまりにもケレンが過ぎると考えたのだろうか。会期中、「祝典行進曲」の演奏は三回ほど確認できる。五月一〇日の初演、そして翌一一日の演奏会、さらには一一月一〇日の閉会式においてである。初日は野外での演奏であり、弦楽器はまるで響かなかったようだが、二日目は、新設の「百周年女性委員会ホール」で演奏されたために、ヴァイオリン・パートが絶妙の効果を醸しだしたという(Loft 1975:195)。

作品の評価、そして民主主義の理想としてのワーグナー作品

「祝典行進曲」の評価は賛否両論に分かれた。

まず、ニューヨーク・ヘラルド紙は「この高貴な作品はそれにふさわしい形で解釈された。興奮した群衆の大騒ぎさえ——この熱狂的な高揚はすぐにおさまったが——行進曲の最初の壮大な節のように聞こえた。すべての栄誉は、アメリカにたいして、最高の記念に値する音楽作品を与えてく

れた女性百周年委員会にある」と女性たちの健闘をたたえたあとで、「『祝典行進曲』は、今やこの種の音楽において最もすぐれたものとみなされるべき曲だが、その構造が偉大なのは最小限の素材で組みたてられている点にある！　主題は短く、そしてただちに誰の耳にもなじむものだ」と音楽自体を評価している（Overvold 1976:183）。

また、フィラデルフィア・プレス誌の記者はこの作品をワーグナーの楽劇「ローエングリン」と比べながら、「より甘く、デリケートだが、しかし弱くはない。勇ましく活発だが、軽々しくはない」と評し、さらには「女性的な美しさ、高貴な性質、アメリカ女性の純粋な精神的活動」の反映が見られるとしている（Loft 1975:192）。

いずれにしても、ここではワーグナーの楽曲が「女性」と深く結びつけられていることは重要だ。それは女性百周年委員会の望みであると同時に、おそらくはアメリカ人にとっての望みでもあり、さらにはワーグナーの望みでもあった。

一方、五月一一日付のニューヨークタイムズ紙は少々手厳しい。

> リヒャルト・ワーグナーの「祝典行進曲」が次に演奏された。この楽曲はさしたる称賛を喚起しなかった。〔中略〕素晴らしく雄大に書かれてはいるものの、そして重厚に記譜されてはいるものの、この「祝典行進曲」の混交したモティーフを改善することは絶望的である。（Doherty 2002:44）

本章冒頭で紹介したような、音楽の質にたいする不満がここにはあらわれている。さらには「アメリカらしさ」がないと嘆く声もあった。リハーサルを聞いたニューヨーク・ヘラルド紙の記者は五月一〇日付の紙面で「この行進曲は、どこか他の国の同様の祝典にも応え得るものであろう」という（Overvold 1976:183）。

賛否両論を得た「祝典行進曲」であるが、ともかくこの華々しい初演によって、以前から音楽ファンの間では知られていたワーグナーの名は、爆発的にアメリカ国民一般に拡がることになった。一八七九年にニューヨークの月刊誌「ノース・アメリカン・レビュー *North American Review*」誌が八月号と九月号の二回にわたってワーグナーに寄稿を求め、「私の作品、そして人生における使命」と題したエッセイを連載することになったのも、この流れの中で生じたことだ（Wagner 1879）。決して短くはないこの文章の中でワーグナーは、自らの音楽観をアメリカに向けて十全に開陳するにいたった。

興味深いのは、彼が当時のアメリカ人からは、一種の民主的な改革者として評価されていたことである。たとえばバートン・ペレッティの論文「アメリカのワーグナー受容における民主主義的ライトモティーフ」が明らかにするのは、一八七〇年から一九〇〇年頃におけるアメリカのワーグナー受容が、「ドイツ的なエピキュリズム」を基盤にした「民主主義の象徴」というニュアンスを強く含んでいたという事実だ（Peretti 1989）。

ドイツ人がエピキュリアンだという主張は、現代のわれわれからはやや意外な気もするけれども、少なくとも一九世紀後半、急速に産業が発達するなかで厳しい労働を強いられていたアメリカ人にとって、ドイツ系移民の生活、そしてワーグナーのオペラが提出する世界は豊潤かつ自由に映ったのだろう。

一般的にいえば、ヨーロッパ音楽史におけるワーグナーは、従来の音楽様式を大きく変更・更新したマッチョな改革者といった扱いを受けているが、ロマン派音楽の下地が薄かったアメリカでは、彼の音楽はすんなりと『上品な伝統』の中に吸収された」というわけである（ホロヴィッツ 1997:322）。さらにいえば、ゴールドラッシュ以降、実業家好きの国民性を持つこの国では、ワーグナーは数々の巨大なオペラをものし、ついにはバイロイト祝祭劇場を自らのために建設させた、立志伝中の人物でもあった。

してみると、ワーグナーに委嘱がなされたこと自体、たんに彼が有名だから、トマスがワグネリアンだったから、あるいは壮麗な楽曲を書く作曲家だから、という理由だけではなかったことが分かる。

当時のアメリカが求めている新しい民主主義的な英雄のヴィジョンを体現するのがワーグナーという作曲家に他ならず、独立百周年式典のための、そして「女性百周年委員会」による委嘱に、これほどふさわしい人選もなかったと考えられるのである。

かくしてフィラデルフィア万博以後、「ワーグナー・カルト」と呼ばれる、ほとんど異常なワーグナー熱がアメリカを覆うことになる。(19) ジョーゼフ・ホロヴィッツはアメリカの「金ぴか時代

Gilded Age」（一八六五年の南北戦争終結から一八九三年恐慌までの期間をさす）において、とりわけ上流階級の女性にワーグナーが好まれていたことについて以下のように述べている。

ヨーロッパと同じく、文化的かつ知的なムーヴメントとして、一九世紀終わりにアメリカのワーグナー熱はピークに達した。〔中略〕それは、ヨーロッパにおけるボードレール、ブロック、ダヌンチオ、ニーチェ、ショーのような音楽界の外にいる優れた支持者を生み出しはしなかった。しかし、ワーグナー熱は三〇年間にわたってアメリカの音楽的なハイカルチャーを支配した。それは知的な会話の必須の要素となった。そして、このムーヴメントは、意義深く、当時は未開拓だった「新しいアメリカの女性」の歴史に貢献したのである。（Horowitz 1994:189）

ここにあるように、「新しいアメリカの女性」はイゾルデの忘我的な愛に陶酔するとともに、ジークリンデやエルザといった決然たるヒロインたちに自らの存在を重ね、新しい自我を獲得しようとする存在だった。ワーグナー作品はその触媒のひとつとして機能したわけだ。当時の状況を批評家ヘンリー・T・フィンクは「ニューヨークはワーグナーを欲しているように見える、ワーグナーのすべてを、そしてワーグナーだけを」と描写した（Peretti 1989:30）。

ちなみに、一八七六年のバイロイトにおける「ニーベルングの指環」全曲初演において、カール・リヒターのアシスタント的な役割を果たしたアントン・ザイドルは、「万博以後」のアメリカのワーグナー受容に決定的な貢献を成した指揮者である。彼はワーグナー死後の一八八五年にアメリカにわたり、メトロポリタン歌劇場を本拠地にしながら「トリスタンとイゾルデ」「ニュルンベルクのマイスタージンガー」「ラインの黄金」「ジークフリート」「神々の黄昏」全曲を次々にアメリカ初演して、ニューヨーク音楽界を熱狂に巻き込んだ。ちなみに、一八九八年にザイドルが死去した際の葬式に詰めかけた一万人以上の人々のうち、九五パーセントを女性が占めていたという（ホロヴィッツ 1997:302）。

「駄作」のゆくえ

一八七六年五月に時計の針を戻そう。

初演の様子はバイロイトにもすぐに届けられた。五月一二日、ワーグナーは「祝典行進曲」大成功の知らせを電信で受け取ったことを、リヒャルト・フリッケに自慢げに語っている（Fricke 1998:40）。

そして翌一三日にはバイロイトの居並ぶ音楽関係者の前で、あのジョゼフ・ルービンシテインがこの曲をピアノで演奏した（同書:41）。少しばかり得意げな大作曲家の顔が見えるようでもある。

ピアノ版だけではない。七月二日には音楽祭開幕前のバイロイトにおいて、ハンス・リヒター指揮で管弦楽版が演奏されている。その後もワーグナーは、生涯にわたって何度もこの曲を演奏したようだが、具体的に日時が確認できるものとしては、翌一八七七年五月のロイヤル・アルバート・ホールにおける演奏がある。この時、ワーグナー夫妻は八回のコンサート・シリーズを開く為にロンドンをおとずれ、「さまよえるオランダ人」「ヴァルキューレ」などが演奏されたコンサートの締めとして、この曲を演奏させたのだった。[20]

興味深いのは、この一八七七年五月のロンドン滞在中に、ワーグナーがフォイステル宛の手紙で、アメリカ移住の計画を告げていることである。

ウルマンとのあいだでアメリカ行きの話をつける決心でいます。しかし、そうなればわたしのバイロイトの地所も売りに出し、一家眷族をあげて海を渡り、二度と再びドイツには帰ってこないということになりましょう。

（ヴェステルハーゲン 1973:671）

コジマも一八七七年五月一三日の日記に次のように記している。

私がそこにいる間、彼はフォイステルに手紙を書き、赤字を片づけるための寄付を始めるよう頼みました。そしてアメリカに対する思い……もうドイツには戻らないというのです。

もちろん、この突飛ともいえるアイディアは、実現しなかった。

しかし、「祝典行進曲」を書き上げたワーグナーにとって、もはやアメリカは、作曲当時のような見しらぬ遠い国ではなかったし、また、かつて漠然とイメージしていたような、たんなる成金のユートピアでもなかった。すでに彼にとってアメリカは、確固たる実体を備えたひとつの土地だったはずだ。そのアメリカへの移住を、一時期にせよ彼は真剣に考えたのだった。

たいていの楽曲は、依頼主がおり、作曲家がそれに応え、無事に仕上がったのちに演奏家によって初演が行なわれる。この過程で、それぞれに主張があり、それぞれに事情がある。この「百周年記念行進曲」もその例に漏れない。「女性百周年委員会」が委嘱し、ワーグナーがそれに応え、セオドア・トマスとそのオーケストラが初演した。これまで見てきたように、それぞれの思惑が重層的に交錯しながら、この行進曲が誕生し、そして初演から百年以上を経るうちに、いつの間にか、ほとんど演奏されない不人気作品になってしまった。

確かに五千ドルという法外な報酬のために、しぶしぶ書いた作品ではあろう。多くの人が主張するように「祝典行進曲」は音楽的には駄作といってもよいのかもしれない。

しかし、アメリカという「音楽後進国」は、この曲をひとつの出発点にしてワーグナーを十全に受容し、ヨーロッパ音楽の最先端を存分に体験することになった。さらにアメリカ人、とりわけアメリカの女性たちは、ワーグナー作品というモデルの中に民主主義的な新しい女性像を見出すことになった。そしてワーグナー自身も、この曲を生涯にわたって捨てはしなかったばかりか、おそらくはこの委嘱をきっかけにしてアメリカへの移住さえ考えるようになった…。

となれば、この「駄作」を、音楽史の中において、そしてワーグナーの創作史の中で、一定の重要性を孕んだ作品だと結論づけても、あながち無理ではないようにも思うのである。少なくとも、「調べても仕方のない」作品でないことは確かだ。

一八七六年という、なんとも忙しく落ち着かない日々の中、突貫工事で作られたこの行進曲を、彼自身も憎めなかったに違いない。全くの想像にすぎないけれども、不格好ながらもどこか愛嬌のある作品、きっとワーグナー自身もそう考えていたのではなかろうか。

註

（1）ただし、資金集めに苦労したために、最終的にニューヨークに像が建立されたのは一八八四年。

（2）この一か月前にダンツィヒで初演されたという説もある（西原 2006:218）。ちなみに、この時にトリオを組んだほかの二人も、アメリカ音楽史の重要人物だ。ピアノのウィリアム・メーソンは「賛美歌の父」として有名なローウェル・メーソンの息子。チェロのカール・バーグマンは、一八四八年の革命を逃れてドイツからアメリカにわたった演奏家だが、アメリカに到着したのちは多くの亡命音楽家たちとともに、ドイツ音楽協会を設立した。この楽団は一八四八年から五四年までアメリカ全土にわたるツアーをたびたび行ない、ドイツ音楽、とりわけワーグナーの音楽普及に大きな貢献をなしたのだった。彼のワーグナー好きはつとに有名であり、アメリカ人はワーグナー嫌いだと主張した楽団員に対して「いや、彼らは、好きになるまで聞かなければいけないのだ」と返したという。

（3）演奏回数などの細かい数字は、ニューグローヴ世界音楽大事典の「セオドア・トマス」項目による。

（4）この経緯に関してはRose（1911:36ff.）を参照。ちなみに一八六八年六月のビューローからの手紙には「今月の二一日に『ニュルンベルクのマイスタージンガー』の初演があるので……」と記されている。この大指揮者がワーグナー作品を産みだす過程をトマスも同時に体験していたのだった（Rose 1911:43）。

（5）たとえばDohertyの論文には次のようにある。「バックとペインは、委員会が簡単に払い得る少額で引き受けたのに対して、ワーグナーは自身の音楽に前代未聞の要求をなしたのだった」（Doherty 2002:40）

（6）彼に関してはRumenapp（1997）を参照のこと。

（7）以下、コジマ日記（Cosima 1976/1977）の頁数は煩雑になるために記さない（日付を見れば分かるため）。

（8）アメリカが国際的な著作権法を定めたベルヌ条約に加盟するのは、なんと一九八九年のことである。

（9）しかし実際には、ショット社からは一八七六年六月一八日、すなわち初演の翌月には早くも楽譜が出版されている。この齟齬の理由はよく分からない。

（10）当時のレートで二二五〇ドル程度と推定される。Thomas（1911:112）参照。

（11）一〇万ドル程度と推定される。同じくThomas（1911:112）参照。

（12）歴史的なドルの価値を現在のドルに換算するサイトがいくつかある。例えばThe Inflation Calculator（http://www.westegg.com/inflation/）。

（13）プレート番号は22138。ちなみにこの編曲楽譜は現在、IMSLPのサイトで容易に閲覧することができる。

（14）Loft論文は、このルービンシテインをアントンだと記しているが、ジョゼフの誤りである。
（15）トマス編曲版の楽譜は、冒頭一頁のみながら、Loft論文に掲載されている。
（16）コジマ日記一八七六年三月二五日を参照。
（17）Overvold 1976:182.
（18）おそらくは、当時の事実上の国歌である"My Country, 'Tis of Thee"ほか数曲が演奏されたものと思われる。
（19）この時期におけるアメリカのワーグナー熱に関しては、Harvey（1968）も参照。
（20）*Musical Times* No. 107（Feb.1966）における無署名の記事より。シリーズ最終日は一八七七年五月一九日だった。

第 2 章

モーツァルト効果狂騒曲

Mozart makes you smarter?

【音楽心理学】

音楽をめぐる行動や体験が、人間の身体や知覚とどのように結びついているのかを問う分野。種々の実験に基づいたデータを基礎にした、認知心理学的な考察が主流である。

モーツァルト効果、という言葉をご存知だろうか。

モーツァルトを聴くだけで、なぜか頭がよくなったり、身体の調子がよくなったり、はたまたお酒や味噌が美味しくなったりもするという、不思議な効果のことである。

多くの音楽ファンは眉唾ものだと感じていることだろう。そもそもモーツァルトが身体にいいというのならば、幼少期から生涯にわたって毎日その音楽に浸りきっていた、当のヴォルフガング氏がなぜ三五歳の若さであっけなくこの世を去ってしまったのか、という単純な反論がまずは思い浮かんだりもする。

あらかじめ言っておけば筆者も、モーツァルト効果はおそらく「ないだろうな」と考えている。理由はいくつか挙げられる。モーツァルトの生きた時代に、彼と似た音楽様式で曲を書いている作曲家は沢山おり、それらとモーツァルトの「効果」に特段の差があるとは思えないこと。次にモーツァルトの曲といっても、明るく軽快なものから、ドロドロと暗いものまで様々であるから、それらが同じように「効果」を及ぼすとはとても思えないこと。さらに音楽は演奏によっても大きく変わるので――たとえばアーノンクール指揮とカラヤン指揮のモーツァルトではまるで様相が異なる――その「効果」が同じとは思えないこと、等々…。

もっとも、音楽が脳や身体に一種の効果をもたらすこと自体は否定しない。音楽を聴くことで集中力が高まったり、逆にリラックスしたりするという経験は、誰もが持っているだろう。ただ、「モーツァルトだけが特別」とは、ちょっと信じがたいということなのだ。一般的な音楽の効用と、俗流の天才神話が合体して生じた、さして罪のない思い込み、というあたりが、モーツァルト効果に関する筆者自身の率直な感想である。

いちいち訊いてみたことはないが、これはおそらく、世界の大多数の音楽学者の意見でもあるだろう。なにしろ、音楽学の世界でモーツァルト効果の是非が論じられたことなど、筆者の知る限りでは一度もない。音楽学者の誰もが、そうしたことがときおり巷で話題になることは知りながらも、真面目に相手にしていないのである。

……が、実は音楽学の世界から一歩外に出てみると、多くの学者がモーツァルト効果に関する膨大な数の論文を発表しており、しかもそれらは賛成派と反対派、あるいは「あるかもしれない派」と「多分ないのでは派」に分かれながら、いまだに喧々囂々、侃々諤々の議論を繰り広げているのである。

筆者はある時ふと、こうした研究について興味がわき、以来、関連の論文を探しては少しずつ読むようになった。そのほとんどは、アメリカの認知心理学系、あるいは脳神経学系の学術誌に掲載されたものなのだが、恥ずかしながらそれまで「理系」の論文を読んだことがほとんどなかったこともあって、当初はひどく読解に苦労した。また、これらの論文の多くでは、実験結果の分析にあたって統計学的な手法が駆使されているから、その数式の詳細についてすべてが理解できたわけではない。それでも一〇本、二〇本と読み進むうちに、骨子を手早く追えるようにはなり、そのうち、関連論文を探しては読みふけるという、一種の中毒症状を呈するまでになってしまった。

その結果見えてきたのは、なかなかにスリリング、時には抱腹絶倒かつ滑稽でもあり、さらには研究者同士が正面からガチンコでぶつかりあう、不思議なほどに熱いドラマだった。以下、その面白さを読者の皆さんと共有してみたい。(1)

「ネイチャー」の衝撃

一九九三年、国際的な科学誌「ネイチャー」三六五号にフランセス・ラウシャー、ゴードン・ショウ、キャサリン・キーの三人の連名による「音楽と空間認識能力」という実験報告が掲載された(Rauscher et al. 1993)。これは正式な論文ではなく、「サイエンティフィック・コレスポンダンス」という欄に掲載された、一頁に満たない報告である。

実際、内容もごくシンプルなものだ。モーツァルトの「二台のピアノのためのソナタ　ニ長調K.448」を、三六人の大学生にたいして一〇分間聴かせたあとで「空間認識テスト」を行なったところ、有意に成績があがったという。一方、「何も聞かせなかった場合」「血圧を下げるためのリラクゼーション音楽を聞かせた場合」には特に成績に変化はなかった。

空間認識テストとは、たとえば一枚の紙を四つ折りにして、どこかの端をナナメにハサミで切り、ふたたび拡げた時に、どのような模様が生じているかを四択の答えから選ぶといった類のものだ（左図参照）[2]。知能テストなどでしばしば出題されるから、誰でも一度くらいは接した経験があるだろう。

成績向上は、もしも知能指数に換算するならば八〜九ポイントに相当するが、ラウシャーらの実験では、この効果は音楽を聴いた後、一〇分から一五分程度しか持続しなかった。また、音楽を聴いた前後で脈拍の変化は生じていないので、覚醒効果とは別の要因が働いているはずだという。

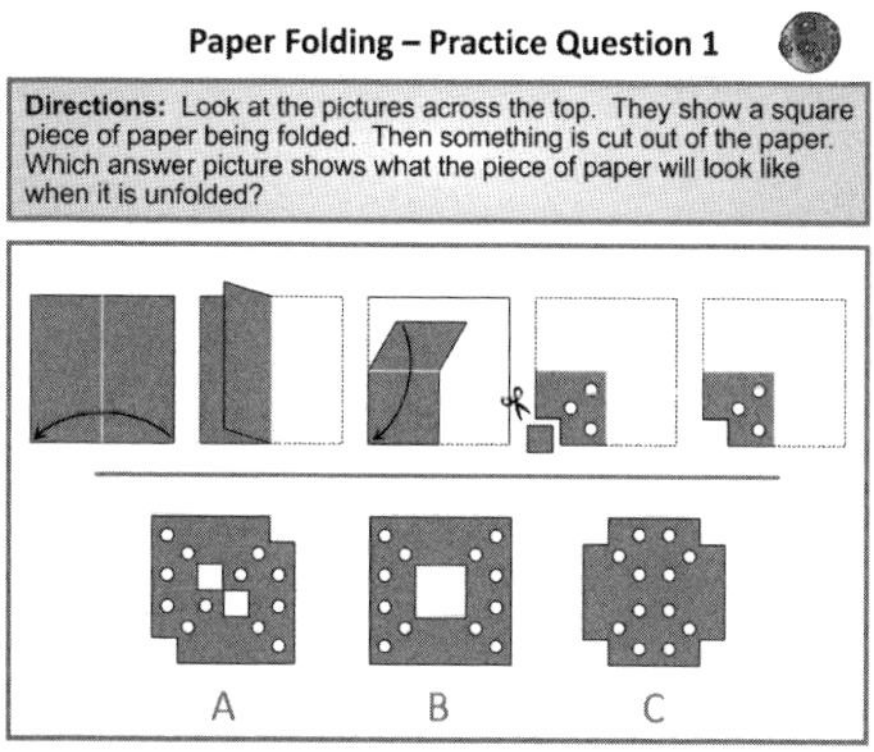
Paper Folding – Practice Question 1
Directions: Look at the pictures across the top. They show a square piece of paper being folded. Then something is cut out of the paper. Which answer picture shows what the piece of paper will look like when it is unfolded?
A
B
C
空間認識テスト

いかがだろうか。なるほど、モーツァルトのみに有意な差があったのは事実としても、比較対象は「無音」と「リラクゼーション音楽」であり、普通に考えれば、アップテンポの明るい曲を聴いたあとでは、この種のテストにすこしばかり積極的に、気分よく取りくめたというほどのことにも見える。その場合、同種の軽快な音楽であればモーツァルトでなくとも同じような結果が生じただろう。

いずれにしても、この時点では、音楽を聴くと一時的に脳が活性化するらしいという程度の報告であり、その際に使ったサンプルがモーツァルトであったに過ぎない。

しかし、報告が掲載されたのが「ネイチャー」という、世界でもっとも権威のある科学誌であり、さらにはモーツァルトという誰もが知る「天才作曲家」の曲であったこと、そして、たんに分かりやすさのために添えた「もしも知能指数に例えるならば」という、不用意ながらも俗耳に入りやすい一節によって、この実験はじわじわと注目を集めることになる。

ラウシャーという研究者

研究を主導したフランセス・ラウシャーは、当時、カリフォルニア大学アーヴァイン校のポスドク（任期付き研究員）だった。もともとジュリアード音楽院でチェロを学び、コロンビア大学で実験心理学の学位を得たという経歴を持つ彼女にとって、モーツァルト効果はまさにうってつけの題材だったに違いない。

ちなみに、先のネイチャー論文では、モーツァルトのソナタのケッヘル番号が、誤って「488」と記されている（正しくは448）。ラウシャーの誤りなのか、たんなる誤植かは定かでないが、天下のネイチャー誌も、ケッヘル番号についてはきちんとチェックしなかったらしい（あとで述べるように、この間違いはちょっとした悲喜劇をのちに引きおこすことになる）。

さて、ラウシャーらの報告には使用音源の記載が一切ないのだが、音楽ファンならばみな、先のソナタが誰の演奏なのか気になるはずだ。筆者ももちろんその一人であり、直接ラウシャーに問いあわせてみた。すると、ラドゥ・ルプーとマレイ・ペライアによる一九八四年録音のソニー盤を使ったとのこと（写真参照）。さっそく購入して聴いてみると、近年主流のピリオド風味の演奏スタイルとは異なる、少々懐かしいタイプのモーツァルトであり、これはこれでとてもよい。

さて、翌一九九四年、ラウシャー・グループは論文第二弾「モーツァルトを聴くことは空間・時間推論を強化する：神経生理学的根拠に向けて」を発表する（Rauscher et al. 1994）。いや、最初のものは短い「報告」であったから、第二弾というよりは、はじめてモーツァルト効果を本格的な論文に仕立てあげたということになろう。

ラウシャーらが投稿したのは「ニューロサイエンス・レターズ」という雑誌である（「ネイチャー」誌に正論文を掲載するのは、さすがに難しかったのだろう[3]）。

ここでもほぼ同じ実験が行なわれているのだが、こちらの論文でモーツァルトと比較されるのは、「無音」、そしてアメリカのミニマル・ミュージックの作曲家フィリップ・グラス（1937-　）の「変化する部分の音楽」・書物の朗読（書名は不明）・ダンス音楽（曲名は不明）という三つの要素の混合である。つまり「モーツァルト」「無音」「混合」の三つが並べられているわけだ。被験者も七九人と、最初の報告の倍ほどに増えている。

五日間にわたって、さまざまなパターンで実験が行なわれたが、結論からいえば、ここでもモーツァルトはよい成績を収めた。ただし面白いことに、実験四日目以降になるとモーツァルトと「無音」の差はほとんどなくなってしまった（「混合」は常に成績がもっとも低い）。毎日聴いていると、徐々に効果が失われてゆくわけである。

この点はかなり重要だ。つまりモーツァルト効果は、どうも慣れにしたがって減じてしまうのである（しかも、最初の報告にあったように、そもそもこの効果は一五分程度しか持続しない）。ということは、ラウシャーらの実験結果がすべて正しいとしても、毎日モーツァルトを聴けば頭がよくなる、という話には全くならないのである。

この論文では、モーツァルトがなぜ「効く」のかについて、彼の音楽が大脳皮質の空間的・時間的な神経発火パターンとシンクロしているのではないかという大胆な仮説が提示されているのだが、こうした理論的な道筋を主導したのが、論文の共著者ゴードン・ショウである。ショウはもともと物理学と脳機能の専門家であり、心理学者であるラウシャーが得た結果を、脳科学的に解釈する役割を担っていた。なかなか手堅いコンビなのである。

ちなみにラウシャーは、この後の実験でもしばしば、フィリップ・グラスの初期作品をモーツァルトとの比較対象において用いている。おそらくその機械的・無機的な反復が「人間的な」モーツァルトと対照的だと考えたからなのだろうが、いつも引き合いに出されて「効果ナシ」と判定されるグラスにとっては、ちょっとばかり迷惑な話かもしれない。

続々となされる追試

ラウシャーの研究は、このあと多くの科学者によって追試されることになるのだが、そのなかでも初期にポジティヴな結果を多く出したのが、ペンシルバニア州アーサイナス大学の心理学者ブルース・ライドアウトである。

彼はまず、「音楽鑑賞後の空間認識能力の向上と脳波の相関関係」(Rideout and Laubach 1996) と題された論文において、ラウシャーと同様の実験を行ない、決定的とはいえないまでも有意な差があると結論づけた。さらにライドアウトは九七年、九八年、九九年と続けて同様の追試を行ない (Rideout and Taylor 1997, Rideout et al. 1998, Rideout 1999)、基本的には効果アリ、の立場で論文を発表してゆく（彼は九九年の論文からは、そのタイトルに「モーツァルト効果」という語を用いている）。

ちなみに、ライドアウトが主に論文を掲載したのは人間の認知能力および運動能力を扱う「パーセプチュアル・アンド・モーター・スキルズ」誌だが[4]、おそらく一般的にはマイナーといってよいこのジャーナルは、九〇年代を通して、論戦の主戦場としての役割を果たすことになる。

一方、トーマス・ウィルソンほかによって、「ジャーナル・オブ・サイコロジー」誌に載せられた「モーツァルトの音楽による空間認識効果の再検証」(Wilson and Brown 1997) は、限定的な効果は見られたものの、一般化のためにはさらに調査が必要という、どちらともいえない結論。やや滑稽なのは、この論文が、ラウシャー原報告のケッヘル番号の誤りをそのまま鵜呑みにしてK.488の「ピアノ協奏曲第二三番　イ長調」で追試を行なってしまったことだ。つまりは元のミスの「犠牲者」といえようか。こちらの協奏曲も明るい曲調ではあるが、二台ピアノのソナタに比べると、やや柔らかい表情を持っているから、ちゃんとK.448を使っていれば少しは違った結果が出たかもしれない。

他方、九四年に発表されたニュージーランド大学のコン・ストウらによる研究「音楽と空間知能」(Stough et al. 1994)を皮切りに、追試失敗という結果も次々にあらわれる(ちなみに、このストウ論文では、ちゃんと「二台ピアノのためのソナタ」が使われているが、ケッヘル番号は誤った「488」となっている。どうも科学者はケッヘル番号に無頓着らしい)。

とりわけ、否定派の急先鋒として、やがてこの騒動の主役のひとりとなるのが、アパラチア州立大学のケネス・スティールである。彼はもともと、モーツァルト効果の存在を信じて、追試失敗の例との矛盾を解決すべく実験を行なっていたのだが、いくらやっても結果が得られない。「私は、モーツァルト効果が再現できることを、そして矛盾した結果の理由を探る、本格的な分析が始まることを信じていた。が、最終的な結果に愕然とせざるを得なかった。モーツァルト効果など、これっぽっちも見られなかったからである」(Steel 2001)。

かくして、スティールは「モーツァルト効果ハンター」として、以後、ラウシャーと文字通りの死闘を繰り広げてゆくことになる。第一ラウンドの鐘が鳴ったのは一九九七年。

スティールはこの年、「パーセプチュアル・アンド・モーター・スキルズ」誌に論文「モーツァルトを聞いても逆数唱テストの能力は強化されない」（Steele et al. 1997）を掲載。三六人の学部生を対象にして「雨の音」「無音」「モーツァルト」を聴かせたあと、九桁の数字を覚えて、それを逆に言うテスト（逆数唱テスト）を試したが、ほとんど差がなかったと報告する。

ラウシャーとショウは、翌九八年、すかさずこれに応えて同誌に「モーツァルト効果に欠かせない構成要素」（Raucher and Show 1998）を発表。ここで彼らは、さまざまな追試がなされているようだけれども、しかし、完全に同じ条件でないと結果を再現できないのは当たり前だ、と述べる。たとえば段取りを確認するための練習（プレテスト）のあとに、ちょっとした気晴らしをいれないと効果は回復しないし、そもそもモーツァルトが「効く」のは空間認識テスト、それも「紙折り＆切り取りテスト」のみであるという。逆数唱テストなど関係ないというわけだ。

スティールも黙っていない。翌九九年にはやはり同誌に「モーツァルト効果回復に関するラウシャーとショウの記述は再確認できず」（Steel et al. 1999a）を掲載（ちなみに、この人の論文タイトルは、常にあまりにも直截だ）。二〇六名という大量の大学生を被験者に据えて「プレテスト↓気晴らし↓モーツァルト」、「プレテスト↓モーツァルト↓気晴らし」、「プレテスト↓気晴らし」という三つの群を対象にして空間認識テストを行なったが、三群間で有意な差は見られなかったと報告する。つまりは「気晴らし」をどんな順番で入れようが、さらにはモーツァルトなど聴かせても聴かせなくとも、結果に違いなどない、というわけである。

さらに彼は同年、「サイコロジカル・サイエンス」誌に掲載した、[5]もうひとつの論文「モーツァルト効果のミステリー：失敗した追試」(Steel et al. 1999b) でも、一二五人の被験者にたいして、可能な限りラウシャーと同一条件で実験を行なったが、まったくモーツァルト効果はあらわれなかったと報告する。

これに呼応するようにして、カナダのウィンザー大学のクリスティン・ナンテス、そしてトロント大学のグレン・シェレンバーグのコンビは「モーツァルト効果：嗜好が作りだした成果」において、二つの興味深い実験を試みている (Nantais and Schellenberg 1999)。

まず実験1では、モーツァルトの「K.448」、「無音」に加えて、シューベルトの「ピアノ四手のための幻想曲 D940」を比較対象として空間認識テストが行なわれた (シューベルトのこの作品は、ルプーとペライアのソニー盤においてモーツァルトとカップリングされていた曲である)。結果は、無音よりも音楽を聴かせた方が成績はよかったものの、モーツァルトとシューベルトの間に有意な差はなかった。

続く実験2がなかなか強烈だ。「K.448」「無音」にくわえて、「スティーヴン・キングの小説『死のスワンダイブ』の朗読テープ」という三パターンを比較したというのである。結果、無音よりもモーツァルトの方が成績はよいものの、モーツァルトとキングの間に有意な差はなし。さらに、被験者に対してキングとモーツァルトのどちらが好きかを訊いて成績と照らしあわせたところ、モーツァルト好きは、モーツァルトをかけると好成績、キング好きは、キングの朗読で好成績を示していることがわかった。

かくしてナンテスらはこう結論する。人は自分の好きなものを与えられると、短い時間にせよ気分が「あがる」。モーツァルト効果とは、ごく単純なことに過ぎないというのである。

「モーツァルト効果」伝説

少しばかり時間をさかのぼってみたい。

モーツァルトが頭や身体に効く、という話はラウシャー報告の前から、漠然とは存在していた。なかでもフランスの耳鼻科医アルフレッド・トマティス（1920–2001）は、聴覚について研究する中で「トマティス・メソッド」と呼ばれる方法論を提唱し、早くからモーツァルトやグレゴリオ聖歌を治療に用いた人物である。

彼が一九九一年、すなわちモーツァルト没後二〇〇年の年に出版した著作『なぜモーツァルトなのか？』によれば、モーツァルトは「超越者」「音楽の化身」「神に選ばれた人物」であり、「宇宙と二重奏」することさえできるのだという。そして「モーツァルトの音楽は発育を促すばかりか、創造性、大脳皮質のエネルギー補給、動機付けのためなどに有効である」（トマティス 1994:29）と述べる。

トマティスは耳鼻咽喉科の医師だが、しかし率直に言って、この書物自体はとても科学的とは言いかねる代物だ（邦訳タイトルは『モーツァルトを科学する』となっているが）。

しかし、この書物の出版二年後の九三年にラウシャー報告が出て、事態は急変する。

すなわち、ふんわりと存在していたモーツァルト神話が、「ネイチャー」によって権威づけられてしまったわけだ。この機を逃さなかったのが、トマティスの信奉者であり、作曲家ナディア・ブーランジェに学んだこともある音楽教育家、ドン・キャンベルである。

彼は一九九六年、すなわちラウシャー報告の出た三年後に「モーツァルト効果 The Mozart Effect」という語を商標登録（！）するとともに、九七年、その名も『モーツァルト効果』（邦訳『モーツァルトで癒す』）と題した著書を出版した。当然といえようか、書物の冒頭近くでは「ネイチャー」論文が紹介されて、まずはがっちりと科学的な裏付けがなされている。

かくしてキャンベルによって、トマティスの思想とラウシャー報告が結びつけられた時に、世間一般における「モーツァルト効果」が誕生したといってよいだろう。トマティス、ラウシャー、キャンベルという三人のいずれが欠けても、おそらくこの効果はここまで有名にならなかった。

ただし、キャンベルの書物はトマティス本以上に問題があるように思われる。たとえば終章においては「風邪」「すり傷・きり傷」に始まり、「てんかん」「太りすぎ」「高血圧」、はたまた「エイズ」「アルツハイマー病」「ガン」「脳卒中」などにもモーツァルトが「効く」という例が延々と紹介されているのだが、そもそもキャンベルは医師でも科学者でもないのである。(6)

それでも、この著書は大きなインパクトをアメリカ社会に与えた。一九九八年一月一五日付のニユーヨークタイムズは、ジョージア州知事ゼル・ミラーが年間一〇万五千ドルの予算を投じ、州内で生まれたすべての乳幼児にモーツァルトのCDかカセットテープを配布することを決定したと報じている。ミラーはジョージア州における音楽の歴史を扱った書物『彼らはジョージアが歌うのを聴いた』(1983) を著すほどの音楽通であり、幼児の音楽教育に強い関心を持っていたのだった。

さらに同時期のフロリダ州では、すべての保育所で毎日三〇分間クラシック音楽を流すことが決定されたという（宮崎・仁平 2007:114)。

しかし、すでにこの時点で、大きなボタンの掛け違えがある。ラウシャーらの報告は、大学生を対象にした空間認識テストであり、乳幼児にはまったく関係がない。しかしいつしかラウシャー報告は、キャンベルの書籍を通じて、「モーツァルトを聴くと知能指数があがる・健康になる」という形で、極度に単純化されることになった。

これ以降、社会一般におけるモーツァルト効果は、もっぱら幼児教育にかかわる話題として展開してゆくのだが、モーツァルトが脳や身体の機能を高めるのであれば、成長期に与えるのが一番良いと考えるのは、当然なのかもしれない（「発酵」という過程が存在する酒や味噌にモーツァルトを聞かせるのも、同じ理屈だ)。また、その背後には、モーツァルト自身が、幼少期から抜群の才能を発揮した「神童」であったというイメージが大きく寄与していたに違いない。

社会心理学者エイドリアン・バンガーターの二〇〇四年の論文は、こうしたアメリカの「モーツァルト効果受容」について論じたものである (Bangerter and Heath 2004)。

バンガーターはまず、この「モーツァルト効果」報告は一九九三年の発表直後にはさして話題になっていないのに、その後八年間で徐々に有名になったという点に注目する。この手の報告は、発表直後に大きな話題をさらったあと、徐々に人々に飽きられていくのが普通なのだ。

どのようにして話題が拡散していったのかについて、アメリカ全州の新聞を対象に調査を行なったバンガーターは、教員の給料が低い州、国家試験の点数が低い州、生徒ひとりあたりの公的支出が低い州ほど、モーツァルト効果への関心が高いことを明らかにする。さらには一九九四年から二〇〇〇年にかけて、本来の被験者である大学生にたいする言及が八〇パーセントから三〇パーセントに漸次的減少を遂げているのに比べて、幼児に関する言及は九五年には〇パーセントだったのに、九九年には五五パーセントに増え、その後も増加を続けていると述べるのである。

すなわちバンガーターによれば、モーツァルト効果が幼児・子どもに対象を移しながらアメリカ全土に拡がっていった大きな要因は、当時流行していた「幼児決定論」にある。早期教育こそが成功の鍵だという風調の中で、この魔法の「効果」は、アメリカという国の不安と期待に順応しながら急速に普及していったというわけである。

繰りかえして述べておけば、ラウシャー報告は全くそのようなものではない。その意味では、ラウシャー自身もこの騒動の被害者のひとりという見方もできるだろう（のちに彼女は、モーツァルト効果と教育を関連付けることについては、きわめて慎重であるべきだという論文を発表している［Rauscher 2006b］）。

ちなみに、ラウシャー報告の共著者ゴードン・ショウは大学を離れたあと、二〇〇〇年に『いつも心にモーツァルトを』という書物を出版しているが、なんとこの書籍には、空間認識テストのコンピュータ・ソフトが付録として添えられている[7]。意地悪くいえば、原著者のひとりであるショウも、晩年にいたってついに「モーツァルト効果ビジネス」に参入したということになろう。

誰と比べるか？　ネズミにも効くのか？

何らかの音楽を聴いた後、一時的にテストの成績が向上するという可能性は、確かにあり得るように思われる。BGMをかけながらの方が勉強がはかどるという人は少なくないだろうし、近年のオリンピックなどを観ていると、多くのアスリートが試合直前までイヤフォンで音楽を聴いている。勉強でもスポーツでも、前向きな気分が好結果につながることは論をまたない。

となれば問題は、モーツァルトだけ効果があるのか、という点だ。かくしてモーツァルトと他の作曲家を比較する論文が次々にあらわれることになった。以下、目だつものをざっと並べてみよう。

アルビノーニ（Thompson et al. 2001）、パッヘルベル（Cash et al. 1997）、バッハ（Bridgett 2000）、サリエリ（川上・水戸 2004）、ハイドン（Štillová et al. 2001）、ベートーヴェン（Suda et al. 2008）、シューベルト（Nantais and Schellenberg 1999）、リスト（Hughes 2001）、ブラームス（Jausovec and Habe 2003）、バルトーク（Cash et al. 1997）、リゲティ（Lemmer 2008）、グラス（Rauscher et al. 1994）……。

また、いちいち文献は示さないが、ジャズやロックと比べたものもある。

これらの中には有意な差はあった、というものも、なかったというものもあり、一律の結果が出たわけではない。また、差があったとしても、それが本当にモーツァルト効果に起因するものなのか疑問視する研究者も多い。

たとえばトンプソンらの研究（Thompson et al. 2001）では、アルビノーニの「アダージョ」よりもモーツァルトの方が結果がよかったものの、しかし彼らは、その原因はモーツァルトがより「覚醒」と「ポジティヴな気分」を引き起こしたからに過ぎないと述べる。「……モーツァルト効果というのは、ごく簡単に説明することが可能である。楽しい刺激はプラスの効果を誘発する。そして覚醒のレベルを高め、さまざまな作業における適度な改善をもたらすというだけなのである」。たしかに普通に考えても、グルーミーな「アダージョ」を聴くよりは、快活きわまりない「K.448」を聴いたあとの方が気分よくテストを受けられそうだ。

また、キャッシュほかの研究では（Cash et al. 1997）、バルトークの「弦楽器とチェレスタのための音楽」とパッヘルベル「カノン」が同時に比較対象として用いられているのだが、彼らは、複雑な構造の音楽のほうが脳を活性化させるのではないか、という仮説を提示している（ただし、いったい「複雑」というのが何を指しているのかはあいまいだ）。いずれにしても、これらの比較の結果は、総じていえばあまりはっきりせず、どこかぼやけた印象がある。

さて、こうしてかまびすしい論戦が交わされている最中の一九九八年、カリフォルニア大学のポスドクからウィスコンシン大学オシュコシュ校の専任教員に昇進したラウシャーは、驚くべき新論文を発表する（Rauscher et al. 1998a）。

「モーツァルト効果」にたいする注目によって潤沢な研究資金を得ていた彼女は、大規模な実験の結果、モーツァルトは人間だけでなくラット、すなわちネズミにも効くと、ここの論文で主張するのである。

実験は、ラットが母の胎内にいる間、および出生後の計六〇日間にわたって、モーツァルト、フィリップ・グラス、雑音を聴かせ、その後にそれぞれのラットを迷路に放って、いったいどのくらいの時間で出口に到達できるかを調べるというもの。

ラウシャーによれば、実験初日と二日目には、三グループにはさしたる差が生じなかった。しかし三日目から有意な差が出はじめる。モーツァルトを六〇日間聴かせたラットだけが迷路を早くクリアするのだ。つまり、モーツァルト・ラットだけが迷路を学習し、出口を記憶している！

ただし、迷路を走行中にモーツァルトを流してもまったく効果はなく、あくまでも胎児から出生にかけての六〇日間をモーツァルトと共に過ごしたラットだけが優秀な成績を示したという。ラウシャーらは、グラスの曲や雑音がラットに悪影響（ストレス）を及ぼした可能性もあると述べているが、しかしそうだとしても、この結果は驚くべきものと言わねばならない。

いわば、ここでラウシャーは幼児教育と結びつけられていたモーツァルト効果を、ラット実験というかたちで扱ったわけだ。そしてこのネズミ論文は、次なるフェイズに論争を導くことになる。

「ネイチャー」での直接対決

一九九九年、ちょうど四〇〇号を迎えた「ネイチャー」はラウシャーと、反対派の筆頭であるスティール、そしてニューヨーク・ユニオンカレッジに属するクリストファー・チャブリスの主張を並べ、直接対決する機会を設けた（Chabris 1999, Steel et al. 1999, Rauscher 1999）。

一九九三年の発端から六年ぶりに、モーツァルト効果はその震源地に戻ってきたわけである。対決コーナーの見出しは「モーツァルト効果への前奏曲か、あるいはレクイエムか？」という、なかなか洒落たもの（しばしば指摘されることだが、ネイチャーはシリアスな科学誌ながらも、意外にくだけた側面がある）。

といっても三人で顔を合わせて議論をたたかわせたわけではない。ここでは反対派のスティール、チャブリスがそれぞれ主張を述べ、それに対してラウシャーが反論をくわえるという形がとられている。

まずスティールは、ラウシャーと同じ条件でなされたさまざまな論文の実験結果を総括的に比較してみると、モーツァルトと無音の差は d＝0.003という、ほとんど無視してよいほど小さな値になると説く（d値［Cohen のd］は、二つの標本間の平均値の差を標準偏差で割ったもの。すなわち二標本の平均値がどれだけ離れているかを表す値）。

同じようにチャブリスは、これまでに発表された論文の中から、ほぼ同一条件によって実験が行なわれている一六本を選び、それら全体のデータを統一的に比較した。チャブリスによれば、全体として、モーツァルトは無音よりもＩＱ換算で一・四ポイント上（d＝0.09）に過ぎず、モーツァルト効果はほとんど確認できない。ただし一方で、リラクゼーション音楽より三ポイント上であることは確かであり、これは音楽による「喜び」「覚醒」が右脳を刺激した結果ではないかと述べる。そして、この仮定が正しいとすれば、モーツァルトが空間認識テストにのみ若干の効果があることを説得的に説明できるという（空間処理は右脳で行われる）。

対するラウシャーは、まず、自分はモーツァルトを聴いて知能が向上すると言っているわけではない、と確認した上で再反論をはじめる。たしかに彼女は、空間認識テストの成績があがったと報告したにすぎず、そのあがり方を知能指数で換算すればこのくらいになる、ということを一例として記しただけではある（しかし、やはりこれは不用意な換算というべきだろう。知能指数は空間認識テストだけでは測れないのだから）。

そしてラウシャーは、二人は「ほぼ」同じ条件の実験を統計処理しているが、「完全に」同じ条件でなければ同じ結果は得られないと述べ、さらにチャブリスのいうように右脳は「喜び」「覚醒」を感知するが、そこには神経モデルに対する考察が欠落していると指摘する。そして、そもそも喜びと覚醒が右脳を刺激したのだとすれば、いったいネズミがモーツァルトを聴いて「喜んだ」というのだろうか？と問うのである。ここでは、ラウシャーの九八年論文が効果的に用いられていることに注意したい。

さらにラウシャーは、未発表論文であることを断ったうえで、モーツァルトと比較的似たタイプの音楽であるメンデルスゾーンについても実験を行なったがまったく効果はなく、やはりモーツァルトの音楽は特殊なのだと述べる[8]。

ということで、この直接対決は特筆すべき成果もなく、いたみわけのようにして終わった。ただし、ネズミが喜んだのか？というラウシャーの問いかけは、なかなかに強烈なパンチだったように見える。スティール側としては、これにどう反論するかが次の課題になったはずだ。

ネズミたちは何を聴いたのか？

ラウシャーによる九八年のネズミ論文は、なにしろ大規模なものであるから、これを追試した例を筆者は寡聞にして知らない[9]。さすがに、この論文への反論のためだけに二か月以上かかる追試を行なうのは非現実的だろう。

しかしスティールはあきらめなかった。彼が論文「ネズミたちはモーツァルト効果を示すのか？」(Steel 2003) で問題にするのは、ラットの可聴音域である。ラウシャーの研究では、ラットがモーツァルトを聴いたことになっているが、ネズミの可聴音域は人間よりも著しく高音域に偏っており、モーツァルトを本当に「聴いた」といえるのか怪しいというのだ。

スティールによれば、諸般の条件を考慮すると、ラットにはC５（ピアノの真ん中よりも一オクターヴ高いド音）よりも低い音、すなわちピアノの八八の鍵盤のうち低い方の五一音はほとんど聞こえていない。そして、これをモーツァルトのソナタの音域と重ねあわせてみるならば「ラウシャーらのラットには、第一楽章の二七九〇個の音の内、一九一三音（六九パーセント）は聞こえないはずなのである」。逆にいえば、ラットはソナタの三一パーセントの音しか把握していない……。

なるほど、これはかなり冴えたアイディアだ。ネズミたちはモーツァルトをきわめていびつな形でしか聴いておらず、それはもはや「モーツァルト」ではない、というわけである。かくしてスティールは以下のように結論づける。ラウシャーらの結果は、モーツァルト効果のせいではなく、「もともとのラットのグルーピングに偏りがあったとしか考えられない」。

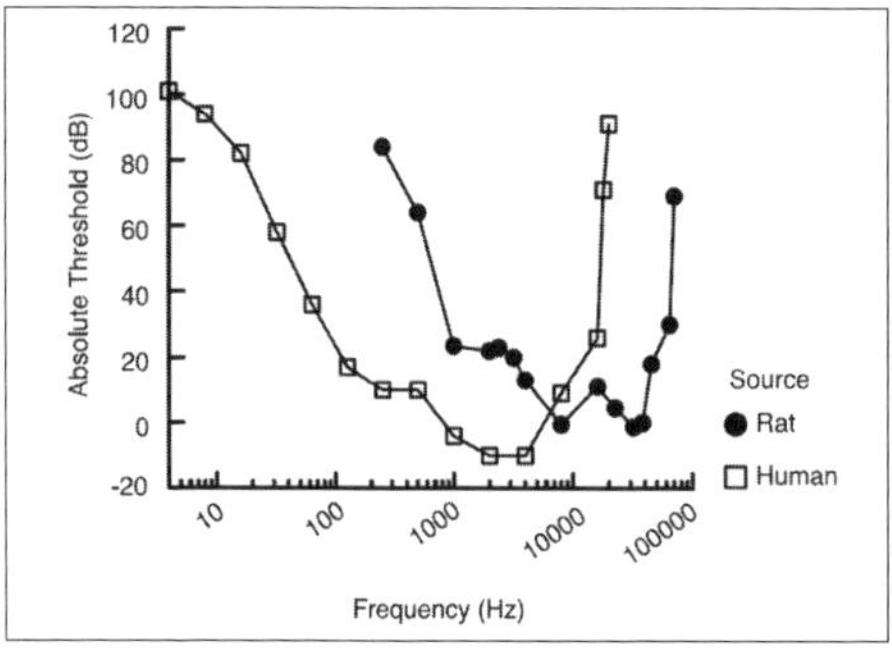

ラットの聴覚域を示す図（Steel 2003）。ラットの聴覚域（●）は、人間（□）のそれよりも大きく右側（高音域）に偏っている。

このスティール論文はすみずみまで気迫が漲っており、渾身の一撃が決まったようにも見える。なにより第一楽章には音が「二七九〇個」あると数えるあたりに、スティールのサイエンティスト魂が感じられるではないか。しかし――大変に惜しいことに――実は肝心のこの箇所で彼は致命的なミスを犯していたのだった。

果たしてラウシャーは、二〇〇六年の論文「ラットのモーツァルト効果：スティールに応えて」（Rauscher 2006a）

において、やや余裕のある調子で反論を開始する。

まずラウシャーは、ラットの聴覚閾値について、他の研究者の論文ではもっと低い音まで聞こえることが明らかだと、いくつかの論文を引用する。彼女によれば、スティールが言うよりも一オクターヴ下の「ド（C４）」までラットは聞いているはずだという。ここら辺は参照した研究によって差があるだろうし（ラットの個体差もあるだろう）、スティールとしては想定内の反論かもしれない。

問題は次だ。意外なことにラウシャーは、スティールの音符の数え方は致命的に間違っているという。スティールは第一楽章の音符の数を二七九〇個としているけれども、実際にはその三倍以上の九三六三個であり、そのうちC４より高い音は五三二九個存在する。とすれば、三一パーセントではなく、五七パーセントの音をラットは把握していることになる。三分の一以下から、三分の二近くへと割合があがったわけだ。

細かい数え間違いはともかく、どうして音符の数にそれほど極端な差が出てしまうのだろうか。実はここには三つの罠があった。

まず、スティールの数えた「二七九〇個」という数は、実は第一楽章提示部のみの音数なのだ（二台ピアノの作品の音数にしては、なんだか少ないなと感じた人も多いはずだ）。正確な理由は不明だが、もしかすると、楽譜にあまり慣れていないと思われるスティールは、最初の複縦線のところで楽章が終わりだと思ったのかもしれない。確かにスティールが参照したというシャーマー版の楽譜

（エドウィン・ヒューズ校訂）を見てみると、楽章をあらわす「Ⅰ」や「Ⅱ」という記号は付されていないから、素人にとっては、どこからが第二楽章の始まりなのかわからない可能性は十分にある。次にラウシャーは、ソナタ提示部の最後には繰りかえし記号があるから「楽譜上に記された音よりも、実際の演奏における音数は多くなるのです」と、優しく（冷たく？）指摘する。

たしかに古典派のソナタ形式では、楽曲前半の提示部を繰りかえすことが通例であり、そのための繰りかえし記号が付されている。当然ながら、一連の実験でサンプルとして用いられているルプー&ペライア盤でも、ちゃんと提示部は反復されており、被験者（被験ラット）は、まさにそれを聴いていたわけだ。(10)おそらくスティールは、提示部繰りかえしの慣習など知らなかったにちがいない。

さらにラウシャーは、装飾音やトリルもきちんと勘定に入れなければいけないという。たしかに、実際に聞こえる音の数で考えるならば、トリルや装飾音もカウントすべきであろう（なによりK.448では、曲頭から四本の手が派手なトリルを奏でる！）。

というわけで、さすがに音楽の内容に話が及ぶと、ジュリアード音楽院に在籍していたラウシャーには一日の長、いや決定的ともいってよい経験の差があり、この反論はそれを見事にえぐるものだった。実際、スティールの論文における音楽にかんする記述は至るところでぎこちないから、彼が音楽的・楽典的な知識に乏しいことは容易に想像できるのだ。

ラウシャーはさらに追撃の手を緩めず、そもそも左手のバス音はオクターヴで重ねることが多いから、下の音が聴こえなかったとしても、上の音が聴こえれば和声的に曲の形は保たれる、とも説明する。なるほど、これも説得力がある。そして、もちろん実際にラットが何を聴いたかは分かりようがないけれども、モーツァルト以外と差がついたのは事実であり、とするならば「その事実は説明されねばならないでしょう」と、宣言するのである。

スティールは悔しかったに違いない。同年、ほとんど間をおかずして再反論の論文「ラットがモーツァルト効果を示したという、説得力に欠ける証拠」(Steele 2006) を発表している。

彼は、反復に関する誤りを潔く認めた上で、このソナタの第一楽章には九三四六個の音があるとする(ちなみにラウシャーとは一七個ほど音数が違う。そのくらいの差はもはやどうでもいい気もするが)。その上で、もしも仮にその五七パーセントをラットが聞いていたとしても、やはり、それはモーツァルトの音楽とはいえない、と主張するのである。基本的な主張は前の論文と同じなのでやや迫力はないけれども、言いたいことは分かる。

このラウンドは、スティールの完敗に終わったようにも見えるのだが、音符の総数は本質的な問題ではない。重要なのはあくまでも、そのうちどのくらいのパーセンテージをネズミが「聴いた」のか、それは本当に「モーツァルトの音楽」といえるのか、という点にある。さて、一体われわれはどう考えるべきなのか。

メタレベルの解析、そして論争は続く……

九〇年代末から増えてゆくメタ分析論文、すなわち自らが実際に実験を行なうのではなく、これまでの結果を統計的に処理するというタイプの論文の中でも、特に注目されるのがウィーン大学に所属する心理学者ヤーコブ・ピーチュニヒらによる研究だ（Pietschnig et al. 2010）。最初の報告から一六年が経過しているにもかかわらず、再現成功の報告があまりに少ないのを訝しんだピーチュニヒは、過去に発表された二二六本の「モーツァルト効果」論文を精査し、一定の基準を満たした三九本の論文（被験者は計三千人以上にのぼる）を対象にして、さまざまな角度からの統計分析を加えた。

ピーチュニヒによれば、これまでのメタ分析の大きな問題は「出版バイアス」を考慮していない点にあるという。

出版バイアスとは、「実験の結果に有意差がみられる場合には論文として発表されるが、有意差がみられなかった場合には論文として発表されないことが多い」現象を指している。つまりモーツァルト効果の場合も、有意差がなかった、という結果の実験が、実は水面下に数多く存在していると推定されるわけである。

ピーチュニヒは、たんにこれまでの結果を総合するならば、「モーツァルトと無音ないし音楽以外の刺激の比較」においては d＝0.37、「モーツァルトと他の音楽との比較」においては d＝0.15という値が得られるものの（いずれも、うっすらと効果がある、というほどの数値だろう）、出版バイアスを考慮すると、これらは大きく下方修正される必要があるという。

さらに彼は、これまでの結果を精査する中で、ラウシャー研究室、およびライドアウト研究室、そしてこの二人と提携している研究室のみが、およそ平均の三倍ほどの効果量を報告しており、この結果が全体の値を著しく押しあげていると指摘する。つまり出版バイアスに加えて、研究室バイアスが生じているというわけだ。

これは決して、なんらかの不正が行なわれているという意味ではないだろう。たとえば「モーツァルト効果」で知られるラウシャー研究室の実験であれば、被験者の学生たちは無意識のうちに、彼女の期待に応えようとするのが自然だ（逆もまたしかりで、スティール研究室でも学生たちに無言のプレッシャーがかかっていたはずだ）。これらも考慮しながら最終的にピーチュニヒは、「モーツァルト効果は立証できない」と結論をくだす。

これはかなり説得力のある議論のように思われるのだが、しかし、あくまでもメタ分析を基にした推論ではあるから、論争に終止符が打たれたわけではない。

実際、近年の状況をみると、モーツァルト効果論文はアメリカから世界各地へと拡がる様相を呈している。二〇一一年には、台湾、国立高雄師範大学のリン・ハンリューらが九〇人の被験者を対象にモーツァルト、バッハ、無音で比較を行なって「有意差なし」と報告する一方で（Lin and Hsieh 2011）、二〇二〇年にはイタリア、キエーティ大学のカテリーナ・パドゥロ他が一七九人の大学生と一八三人の高齢者を対象にして実験を行ない、モーツァルトの音楽が含む周波数の変化が空間認識テストの成績を上げたと結論づけている（Padulo et al. 2020）。

こうして拡散を遂げながら、おそらくはいま、この瞬間にも「モーツァルト効果」にかんする研究は続いているわけである。

本章の冒頭で筆者は、基本的にはモーツァルト効果などないと思っている、と書いた。しかし、自らは実験のひとつも行なっていないのだから、学者として厳正に言うならば、是非を論じる立場にはない。

一方で、このモーツァルト効果騒動は、神童、天才、長・短調、古典派、クラシック音楽といった概念そのものや、それらが流通するメカニズムの再検討をゆるやかに促すとともに、モーツァルトという稀有な作曲家の表象／現象のもつ拡がりをあらためてわれわれに示すものであるように思う。

モーツァルトを聴くだけで知能が向上したり、病気が治ったりするという話は、時として奇妙な商売に結びついたりもするから、こうした研究が、結果として社会に有害な場合もあるだろう。この点に、われわれは十分に注意しなければならない。だが、幸いにしてひとつだけ言えるのは、とりあえずモーツァルトに副作用はないことだ。薬品や食品の場合と異なり、毎日浴びるようにモーツァルトを聴いても健康被害が生じることはないはずで（モーツァルトマニアになるという「副作用」

はあるかもしれないが）、つまりはこのことが、この少々あやしげな効果が比較的大らかに受け入れられている最大の理由ということになるのだろう。

註

（1）「モーツァルト効果」をめぐる論争史をとりあげた文章には、宮崎／仁平（2007）、チャブリス／シモンズ（2014）がある。ただし、これらは主にラウシャーの初期の論文に焦点をあてたものであり、一九九八年の「ネズミ論文」以降の展開については触れられていない。

（2）この実験では、三種の空間認識テストが行われているが、モーツァルト効果があらわれたのは、この「紙折り畳み&切り取り」テストだけだった。ちなみに、図の問題の正解は「C」。

（3）この雑誌の二〇二一年のインパクト・ファクターは二・二六。インパクト・ファクター（Impact Factor）とは、当該の雑誌の論文が、一年の内にどのくらい他人に引用されたのかを表す指標。基本的には、この数値が多ければ多いほど一流雑誌ということになる（「ネイチャー」クラスになると、例年四〇前後）。ただし、近年ではこの数値に重きを置くことにさまざまな疑義が提出されている。

（4）二〇一七年のインパクト・ファクターは〇・七一三。

（5）二〇一七年のインパクト・ファクターは六・一二八。
（6）ちなみにキャンベル自身は二〇一二年、ガンのために六五歳で亡くなっている。
（7）ショウは二〇〇一年の論文（Shaw 2001）では、モーツァルトがアルツハイマー症に有効だと主張している。
（8）ただし、既に「投稿済み」とされているこの論文は、筆者の確認する限りその後、公になっていない。リジェクトされたということなのだろう。
（9）異なった形でラットを用いた論文はある。たとえばLemmer（2008）など。
（10）本来は後半部にも繰り返し記号があるが、ルプー&ペライア盤においてこちらは採用されていない。

第 3 章

音楽のエクフラシス

ドビュッシーと「サンギネールの島々の美しい海」

【音楽解釈学】

音楽作品の意味を探求し、解釈しようとする分野。かつては恣意的という批判を受けることが多かったものの、英米などにおける「新しい音楽学」と呼ばれる潮流の中では重要な役割を担う。

筆者が所持している、ドビュッシー「海」の古びたスコアの練習番号9のページには、海から太陽が昇る様子が、下手な鉛筆書きで記されている。この曲に熱中していた高校生の頃に描いたものだ。

全三楽章のうち、冒頭楽章のタイトルは「海の夜明けから真昼まで」。暗い海から、徐々に光が差してきて、練習番号9のあたりで輝かしい太陽が波間から顔を出す……と解釈したゆえの落書きだが、筆者のみならず、多くの方は時間軸にそって海上の表情が変化してゆく描写としてこの曲を聴いているのではなかろうか。エリック・サティが「一一時四五分くらいの所がとくに良かった」と冗談めかして語っているのも、同様の前提に立つものだろう。(1)

しかし、少し調べてみるとわかるのは、この第一楽章にはもともと「サンギネールの島々の美しい海」という、まったく異なったタイトルがつけられていたことである。現タイトルに変更されたのは、ほとんど曲を書きあげたあと、出版の直前なのだ。とすれば、「日の出」は勝手な思いこみだったのだろうか……。

「ミュージカル・エクフラシス」という研究の方法論がある。エクフラシスとは、芸術間の照合関係を指すから、この方法論はすなわち音楽作品を他の芸術との関連という地点から精査し、解釈を加えるというものに他ならない。

美術や文学のジャンルではすでに長い蓄積がある分野だが、音楽にかんしてはジークリント・ブルーンの著書『音楽のエクフラシス』（2000）においてはっきりと提唱されたばかりだから、さして知名度は高くないだろう。(2) もっとも、ロマン派の標題音楽、たとえばリストの交響詩を考察する場合には、他芸術との照応はつねに問題になるから、この方法論は潜在的には長い歴史を持っているといってよい。

音楽を言語的に解釈するという行為は、時には恣意的でうさんくさいものだと思われたりもする。しかし音楽作品がわれわれに与える「意味」を考える過程において、そうした踏みこみ、すなわち積極的な解釈は不可欠であり、ゆえに、一般に「新しい音楽学」と呼ばれる一九八〇年代以降の英米を中心にして興った音楽学の潮流においては、音楽解釈学的な方法論はきわめて重要な意味を担うことになった。

本章は、まさにエクフラシス的な観点から、ドビュッシーの「海」第一楽章を検討してみようという試みである。実は元タイトルの「サンギネールの島々の美しい海」は、ドビュッシーに近しい、ある小説家の短編作品のタイトルであり、おそらくドビュッシーはその小説を参照してタイトルを付けたはずなのだ（そして、どういうわけか、曲がほぼ完成してからタイトルを変更した）。とするならば、その小説とドビュッシー作品の照応関係を考えてみないわけにはいかないではないか。

まずは「海」の成立過程を少しずつ追いながら、徐々に本題に迫っていこう。

ドビュッシーと「海」

クロード・ドビュッシー（1862-1918）は一九〇三年の九月一二日、ブルゴーニュ地方のヨンヌ県に属するビシャン Bichain という村からパリに向けて、以下のような二通の手紙を送っている。

私は次のような三つの交響的素描に取りかかっています。これは第一楽章「サンギネールの島々の美しい海」第二楽章「波の戯れ」、第三楽章「風が海を踊らせる」というもので、全体としては『海』というタイトルを持っています。私がかつて水夫としての経歴を望んでいたこと、そして単なる偶然によってその方向が変わってしまったことを、あなたはおそらくご存じないと思います。それでも、私は海に心からの情熱を保ち続けてきました。

あなたは、まさかブルゴーニュの丘に大洋が打ちよせるわけはないというでしょう！ そしてこれがアトリエの中の風景に似ることになるだろうとも！ でも、私は数えきれない想い出を持っているのです。私が思うに、現実はとても魅力的なだけに、想像力をあまりにも強く押しつぶしてしまう傾向があるのではないでしょうか。

(Debussy 1980:129)

以下を見てどう思われますか。

「海」　I　サンギネールの島々の美しい海　II　波の戯れ　III　風が海を踊らせる

私は数えきれない想い出によってこの曲を書いており、そして、これを当地で書き終えたいと考えています。きっとかなり変だと思われるでしょうね！　海を踊らせる風は、Bel-Ebat(3)の樹木は傷つけないでしょうか？

(Debussy 1927:14)

前者は指揮者/作曲家のアンドレ・メサジェに、そして後者は楽譜出版社のジャック・デュランに宛てたものである。ドビュッシーの書簡の中に、最初に「海」のタイトルがあらわれるのは、この一か月ほど前にあたる八月、やはりデュランに宛てた手紙の中だが、具体的な楽章構成について述べているのは、これらが初めてだ(4)。

面白いのは、いずれの手紙においてもドビュッシーが、自分のいる土地と海の地理的隔たりに言及していることである。妻リリーの実家があったビシャンはパリの東南部に位置しているから、海からははるかに遠い（次頁地図参照）。彼は、わざわざパリから内陸部に出向いて、海に関する音楽を作曲することを、幾分うしろめたく思っていたのかもしれない。とりわけ最初のメサジェへの手紙では、自分が幼い頃から海に強い愛情を抱いており「数えきれない想い出 innombrables souvenirs」（まったく同じ表現が両方の手紙にあらわれる）によって作品を書いていること、そして、むしろ現実は想像力の邪魔にさえなりかねないことを、どこか言い訳のように強調している。

こうして作曲が進められた「海」は、しかしビシャンで完成を見ることはなく、二年間に渡ってドビュッシーの手にとどまるのだが、奇しくもその過程の中で作曲者自身が予想もしなかったような形で、現実の海と深く関わることになる。

きっかけは、一九〇三年末、ドビュッシーが教え子ラウール・バルダックの母親エンマと出あったことにある[5]。パリの社交界ではひとかどのアマチュア歌手として知られた彼女は、あのフォーレが「優しき歌」を献呈するほどの才女であり、若き日のシャルル・ケクランがその伴奏ピアニストを務めることもしばしばであったという(Dietschy 1990:129)。

バルダック家に招かれるようになったドビュッシーは、急速に彼女に惹かれてゆく。そしてついに一九〇四年の七月一四日、彼は書きかけの「海」のスコアを鞄に放りこみ、エンマと共に、駆けおち同然でジャージー島へとわたったのだった。ジャージー島は、イギ

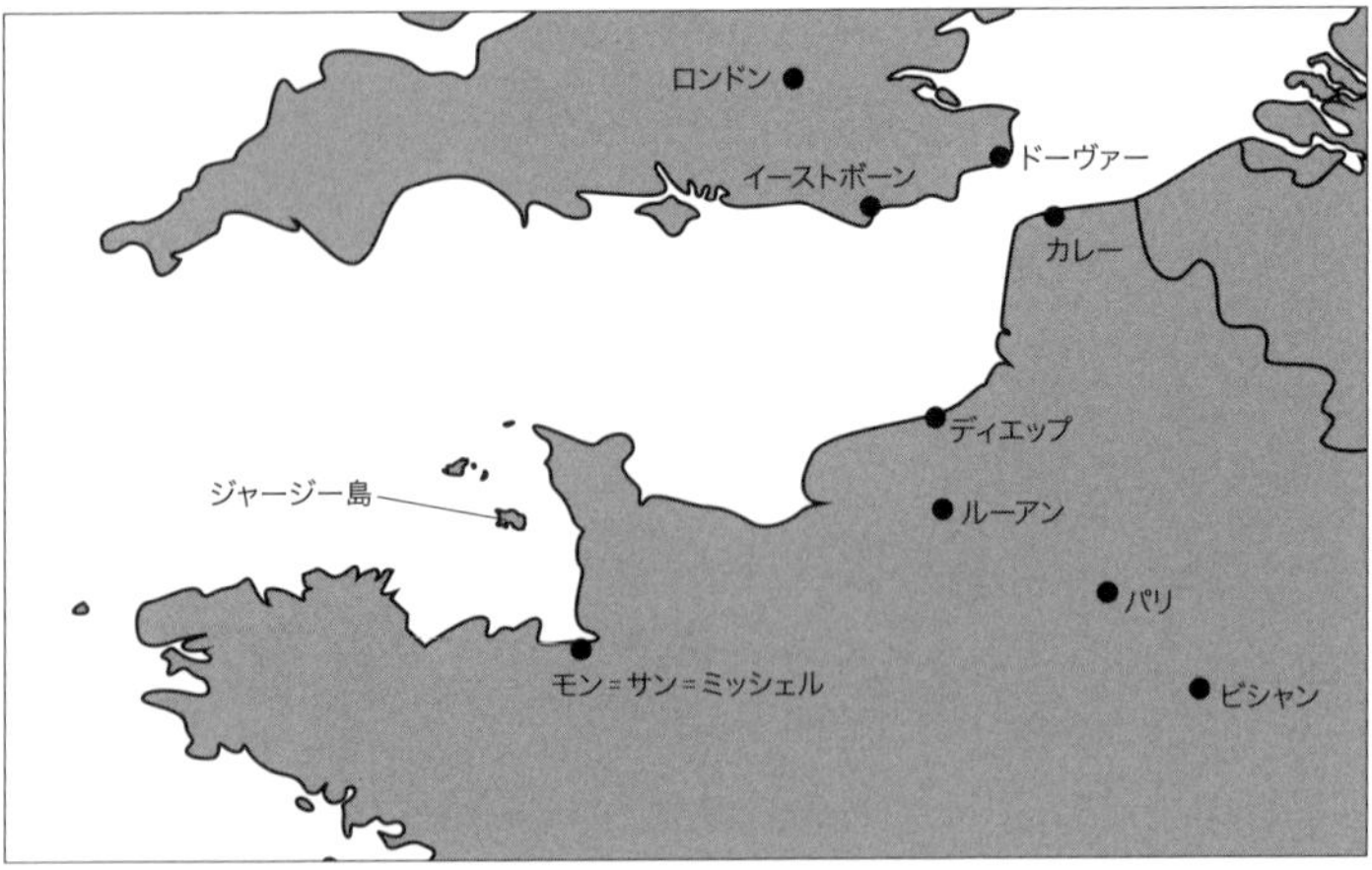

リスとフランスの間に位置し、面積にしておよそ一一七平方キロメートルというチャネル諸島のなかでも最大の島である（地図参照）。二人は、この島の中心地サン・エリエのホテルにおよそ一か月滞在することになるが、ドビュッシーがここからデュランに宛てた手紙からは、島の生活の解放感がひしひしと感じられる。

海は私にとって、とても美しいものですし、あらゆる装いを見せてくれます。私はいまだに陶然としています（マノンの少々ばかげた歌のように(6)）。（Debussy 1927:19）

続いて二人は、八月になるとジャージー島から、ノルマンディー地方のディエップへと移った（地図参照）。九月初めのデュランへの手紙では「私は『海』をここで終えようと思っているのですが、オーケストレーションは激しく動揺し、変化しています……まさに海のように！」とある（Debussy 1927:21）。この手紙などから判断するに、おそらくはビシャンとパリで「海」の骨組みはほとんど完成しており、ジャージー島とディエップではもっぱら、オーケストレーションに手を入れていたと想定される。

しかし、逃避行を経て九月の末に二人がパリに帰った翌月、ドビュッシーは妻リリーの自殺未遂という人生最大の危機に直面することになる。

幸いにして彼女は一命をとりとめたものの、レジオンドヌール勲章を持つ大作曲家の無責任きわまりない行動にたいして、世間の非難は集中した（結局、一九〇五年にリリーと離婚、その後の一九〇八年にエンマと再婚）。しかし、そうした混乱の中でも「海」のスコアは、少しずつ前進を続けていた。

デュランに宛てた一九〇五年一月五日付けの手紙で、彼は第一楽章のタイトル変更を申し出ている。

「海」の第一楽章について以前お知らせしたタイトルですが、「海の夜明けから真昼まで」という方がよいように思います。（Debussy 1927:23）

全体がほぼ完成に近づいたこの時点で第一楽章のタイトルが変更されていることは、きわめて重要である。

続く二月の月曜日（詳細な日付は不明）の手紙では「遅くとも土曜までには、第三楽章の総譜をお持ちできると思います」（Debussy 1927:25）とあり、その後、ようやく三月五日にすべてのスコアが完成した。(7) 翌三月六日には「ご安心ください、『海』が完成しました」と晴れがましい口調で、仕事の完了をデュランに告げている（同書 :26）。この後、ドビュッシーはすぐさま、ピアノ四手のための編曲にとりかかった。

ちなみに、この一九〇五年の夏には、ドビュッシーは妊娠中のエンマを伴って、イギリスのイーストボーンに滞在している。イーストボーンはちょうどディエップの対岸に位置する港町であり（地図参照）、「海」の四手版の校正はこの地で行なわれた（同書 :30）。

さて、以上に記したように、彼は生涯でも最も波乱に富んだ数年を「海」のスコアと共に、しかも現実の海に向きあいながら過ごした。生涯にわたってパリを中心に活動を続けたドビュッシーが、この一九〇三～〇五年の間には私生活の混乱のためにジャージー島、そしてディエップという、実際に海に面した土地で仕事を進めざるを得なかったことは、おそらくはまったくの偶然ながらも面白い事実であるように思われる。[8]

ちなみに、よく知られているように、この曲の初版表紙には作曲者自身のたっての希望により、葛飾北斎の「富嶽三十六景」から「神奈川沖浪裏」が使用されている（ただし原画をリライトした上で拡大したもの）。こんな日本風の海の姿も、ドビュッシーの音楽にどこかで影響を与えているのだろう。

初演と初演評の問題

完成からおよそ半年後の一九〇五年一〇月一五日、シュヴァイヤール指揮ラムルー管弦楽団によって「海──管弦楽のための三つの交響的素描」は初演された。しかし、この初演は不評のうちに終わり[9]、フランスにおける再演には三年を要することになる。[10]

われわれにとって注目すべきは、初演当時から、この作品の描写性に対してさまざまな議論が為されている点である。

一九〇五年の初演で「海」が成功作とならなかったのは、聴衆が「ペレアスとメリザンド」の音楽的な続編を期待していたせいだといわれることが多いが、むしろ初演評で目立つのは、「海を感じさせない」という意見である。まずはもっとも有名な初演評である、ピエール・ラロが「ル・タン」誌に載せた文章を見てみよう。

私が失望した理由を述べねばならないだろう。〔中略〕「海」においては、感覚はさしたる強度を持っていないし、自発的でもないようである。私見によれば、ドビュッシーは、深く自然な感情を実際に感じるのではなく、たんにそれを感じたいと欲していただけではないのだろうか。ドビュッシーの描写的な作品において初めて私は、大自然そのものではなく、その模造品を眺めているような印象を持った。この上なく繊細で独創的かつ洗練されたものであることは確かだが、やはり模造品でしかないのである。私は海を聴くことも、感じることもできなかった。(Vallas 1973:172)

リリーの自殺未遂事件による風当たりの強さをいくぶん差し引いても、かなり厳しい批評だろう。もともと親しい友人であったラロの酷評はドビュッシーにもこたえたらしく、その直後の一〇月二五日に彼に反論の手紙を送っている。ドビュッシーはここで、たんに批評への不満を告げるために筆をしたためたのではないことを慎重に前置きした上で、次のように述べる。

あなたは「三つの素描を通して、海を感じることもにおいを嗅ぐこともできなかった」といいます！　これはあまりにも大きな要求であり、その当否を正しく判断してくれる人など誰もいないでしょう。〔中略〕私は海が好きですし、それに値する情熱的な尊敬をもって、海を聴いてきました。〔中略〕そもそも、必ずや同意いただけると思うのですが、全ての耳が同じように音を聴くわけではありません。

(Debussy 1980:145)

焦点となっているのは、描写の普遍性とでもいうべきものだろうか。「海を感じない」というラロに対して、ドビュッシーは自らの海への熱情をひたすら強調するとともに、この描写が万人に共有されるものではないと述べる。

ではラロ以外の評者はどのようにこの作品を評しているだろうか。ガストン・カロが「リベルテ」誌に載せた初演評は、やはりこの作品が海の描写に失敗していると述べる。

この三楽章からなる交響的作品は、〔中略〕海の全体像を全く伝えていなかった。つまりごく限られた方向から見える、ほんのいくつかの海の様相を描いただけなのである。ただ、海の本質的な性格を伝えることはないものの、海がその神聖なエネルギーを使い尽くすような、つねに喜ばしげな戯れ、そして我々を魅了する水と光の生き生きとした交感は、描かれているようにも思われる。〔中略〕「素描」という言葉はこの作品にあまり良く当てはまらない、というのもこの作品の構造は、やや単純とはいえ、他のドビュッシー作品と同じく論理的で堅固だからである。実際、構造の点では、以前の作品よりも明瞭かつ明快だ。また、この曲の着想にはオリジナリティーや創造性が欠けている。曲の雰囲気はロシア音楽やフランクを思い起こさせるが、緻密さや正確さの点で及ばない。

(Vallas 1973:173)

カロは、海の描写そのものには不満を表明しながらも、海の運動性が描かれていることは認めている。ただ、全体としては構造は堅固ながらも創造性に欠けるという。

この点に関しては、逆に好意的な批評もある。例えば次のミシェル・ディミトリー・カルヴォコレッシのものだ。

私は、「海」はドビュッシーの音楽の発展の、あたらしい段階を示していると考える。インスピレーションはたくましく、色彩は強く、線はより明快である。〔中略〕ひとはドビュッシー氏が音響の可能性の領域を慎重に発展させた後で、彼の発見の総体の濃度を高め、さらに磨きあげているという印象を持つだろう。

(Vallas 1973:173)

カルヴォコレッシは、カロが否定的に述べたこの曲の「明快さ」を、むしろ評価している。しかし、いずれにせよ他の批評をみても、当時、この作品を高く評価する立場であれ、低く評価する立場であれ、海の描写に成功していないという点は不思議なほど一致している。[11]

ドビュッシーはいたく不満だったろうが、彼自身が曲全体に「素描 esquisses」と名付け、さらにはきわめて標題的なタイトルを各楽章に付したことを思えば、これは仕方のないことなのかもしれない。

しかし、もしも作曲時のドビュッシーが、第一楽章にかんしては、少々異なった海の風景を想像していたとしたら、事情は変わってくる。

モークレール「サンギネールの島々の美しい海」

「海」第一楽章の原題「サンギネールの島々の美しい海 Mer belle aux iles Sanguinaires」が、カミーユ・モークレール Camille Mauclair（1872–1945）によって一八九三年に発表された短篇小説のタイトルと同一であることは、かねてから指摘されてきた。

モークレールは、ドビュッシーとほぼ同時代に活動した批評家・詩人で、代表的な著作には印象派についての先駆的な書物『印象派――その歴史、美学、画家たち』がある。[12]

当時の詩人や画家、音楽家たちと交流が深かった彼は、マラルメによる有名な「火曜会」にもしばしば出席していた。彼が、このサロンでの出来事をもとにして書いた小説『死者たちの太陽』の中にはシャルパンティエ、ショーソン、そしてドビュッシーとおぼしき人物が仮名で登場するというが、この中でも最も親交が深かったショーソンは、後にモークレールの詩をテクストにしていくつかの歌曲を書くことになる(13)。

おそらくこうした人脈から考えて、モークレールとドビュッシーは早い時期から接触を持っていたと推定するのが自然だろう。しかしながら、残された資料の上でこの二人が交錯するのはようやく一八九三年、すなわちモークレールが「サンギネールの島々の美しい海」を公にした年のことだ。この年に初演されたメーテルリンクの戯曲「ペレアスとメリザンド」を観て感銘を受けたドビュッシーはオペラ化を思い立ち、友人を通して原作者に許諾の可否を問う手紙を送った。音楽にはあまり造詣の深くなかったメーテルリンクは、ドビュッシーという作曲家が信頼するに足る人物なのかどうかを判断できず、知人のモークレールに調査を依頼したのだった。かくしてモークレールはピエール・ルイスと共にドビュッシー家を訪れることになる。

この訪問にかんするモークレールの記憶はかなり曖昧なのだが (Rolf 1987:12)、しかしながら、ドビュッシーがその後「ペレアス」をオペラ化したことは事実であり、この時期に何らかのかたちで二人が出あっていたことは間違いないものと思われる。

さらに、ドビュッシーが問題の短編小説、すなわち「サンギネールの島々の美しい海」を読んでいた可能性は十分にある。というのも、一八九三年二月二七日に、この短編小説が掲載された「エコー・ドゥ・パリ」を、当時ドビュッシーは好んで講読していたからである。[14] いずれにしても、ドビュッシーがまったく偶然に同じタイトルを採用したと考えるのは——なにしろ一字一句同じなのだから——あまりに不自然だろう。

「サンギネールの島々の美しい海」

ありがたいことに、マリー・ロルフによる一九八七年の論文の末尾にはモークレールの小説の仏語原文が付録として添付されている。ほかの研究者がまったくこれに言及していないのにくわえて、これまでこの小説が日本語になったことはないだろうから、拙い訳であることを前置きした上で、そのまま載せてみたい。[15]「われわれ」の一行が三つの島を次々にめぐるという、寓意的な短編である。

サンギネールの島々の美しい海

カミーユ・モークレール

黄昏の大いなる光が空気、海、帆、そして船首に据えつけられた人魚の金色の胸を照らす頃、泡立った波のねじれに向かって、船は汽笛を鳴らした。空の超自然的な血の色のなかで立ちつくしていたわれわれは、見張り番が告げる前に、サンギネールの島々に接近していることを知った。運命的ともいえる海上の秋の夕べにあって、空を飛ぶカモメのくちばしは宝石やピンクの真珠のごとく輝いていた。

かくして、この霊妙な炎、すなわち永遠に続くような波の赤に予言されるようにして、われわれは運命の茫漠とした輝かしさとその成りゆきを知ることになったのである。最初に水面からあらわれたのは、貝紫色の錆と古く凝固した血液でできた三つのピラミッド状の島で、その珊瑚の洞窟は唇や花、性器や傷のようにぱっくりと開いていた。そのうちのひとつの島に向かって、沖合の風が届かない安全な場所へとわれわれは船を押しだした。この場所、この遠い海は永遠に続くかのような平和と静けさに満ちており、われわれは用心深くことを進めた。白い帆を備えた大きなマスト、鳥を捕まえるためのロープ、旗、そして力強くもほっそりとした、船首から三角帆へ通じる高い板張りとともに、われわれは、この奇妙な水路、起伏と滑らかなひだで覆われた岩の心臓部に入っていったが、それは花のなかに蜂が入っていくようだったかもしれない。

われわれの魂は誇りに満ちており、輝かしい冒険に興奮していた。壮麗な未知の紫が、われわれの夜明けと眠りの夢をまぶしく照らす、呪われた島にたしかに到着したのだ。誰も開拓していない伝説的な地を踏みたい気持ちでいっぱいになりながら、必死に勇気をふりしぼった。しかし、日暮れ前に土地を観察しようと急ぐなか、夜がいつものように訪れないことにふと気づいた。わわれわれは赤いエーテルに浸されたままであり、青い天にはいっこうに星が昇らないのだ。地面、空、そして水は、とても言葉にできないような、時間を超越した血の色をしていた。

岩だらけの断崖絶壁を登り、黄金の斜面にたどり着くと、そこには赤い黄金の平原が広がっていた。これまでわれわれは、世界の広さなどものともせず旅を続けながら、ジャワに、ヒンドゥー椰子に、さまざまな群島の植物に触れてきたが、その豪華な果樹園には、見たことのない花々が咲きみだれているのだった。

一歩進むごとに、生き生きとした植物相やこの風景の永遠の輝きに驚かされ、うっとりするあまり、生まれ育った故郷を捨ててこの国に定住しようとまで考えた。その時、住民たちが四方からわれわれに向かってきた。彼らは満ちたりた青春時代を終えたばかりといった風の男女であり、その美しく、ほっそりとして、芯の強い様子にはなにか感嘆させられるものがあった。その表情は澄んでおり、人種を超越した人間味を帯びていた。

同じ故郷を持つわけではないのに、彼らの言葉は理解できた。彼らは真実を、隠されたものを説明することを熱烈に求めていた。われわれは、星について理解することなく、むしろそれゆえに星を愛していた。一方、彼らはまるで船舶を操縦する時のように星について議論し、さらに驚くべきことには、その軌跡や進行方向まで計算していた。地球や空、自然のさまざまな現象について、彼らは大胆な仮説を立てていた。情熱的に発言し、倦むことなく何でも知りたがり、われわれの国、そしてわれわれの夢についてさえも問うた。われわれは、まるで紺碧の海に向かって帆を拡げているような彼らの圧倒的な能力におびえつつ、自分たちが本当にちっぽけな存在に思えてきた。そして、彼らの言葉に宿る理想のオレンジを味わうのだった。

こうして、サンギネールの最初の島に滞在していたわれわれは、地面のみならず空気に充満している血のような明るさに幻惑されながら知識の熱に高揚していたが、ある日――超自然的でまばゆい光の中においてもこの言葉が意味を持つとするならばだが――ふと、疲労感におそわれた。こめかみはズキズキと痛み、目はこの図抜けた熱情の地のほかのすべてのものと同じように、縁取られてギラギラ光っていた。われわれは、第二の島を探検したいと心から感じ、出発を決意した。まさに船出というとき、彼らに問うてみた。

「どうしてこの島は、こんなにどぎつい赤色をしているのだろうか。君らの島の名前を教えてくれないか?」

「この赤の理由は自分たちにも説明できないのです」と一人の男が進みでて言った。「きっと他の島に行けば教えてくれると思います。ただ、わたしたちはその方々とお会いしたことはありません。運命のいたずらでお互いを忘れてしまったと言われているのですが、それ以上のことはなんとも。そう、島の名前をお尋ねでしたね、私たちはこの血の固まった土地を『知識の島』と呼んでいます」。

やがて船は、水面に映る海岸や星を切り裂いて進みはじめた。われわれは心の中で、この島に別の名前を付けたいと考えていた。「熱の島」と。

穏やかな海をゆっくりと進むうちに、やはり超自然的な第二の島の砂地へとたどり着いた。船を降りると、それまでの熱気や高揚感がおさまってゆくのを感じた。というのも、植生はより穏やかで、まるでわれわれが去った国の優しい太陽のもとにある、豊かな土地に戻ったような錯覚をおぼえたからだ。住人たちもまた、われわれを安心させてくれた。やはり普遍的で、人種を越えた奇妙な特徴が刻印されているとはいえ、不要な高揚感がなく、われわれの心情により近い気がしたのである。彼らは中年特有の安らかな、そしてどこか翳りのある美しさを持っていた。深い憂いが彼らの表情をやわらげ、顔つきを少々疲れたものにしている。その憂いは、われわれが残してきたあの若い女性たち、古い港の黄昏時に出発の風をはらんだ帆に向かって、切れ長の目に人生の憂愁と未来への予想を浮かべていた女性たちの美しい悲しみを思いおこさせて、甘美な気持ちにさせられるのだった。

これらの人々の顔に永遠に浮かんでいるにちがいないその表情を眺めているとき、同じような憂愁がわれわれにも湧きあがってきた。彼らは、最初の島の青年たちよりもさらに知識が豊富だったが、自らのことについてはより控えめで謙虚に語り、その身振りには知識の重みにたいする痛々しさがよくあらわれていた。ふと省みてみるならば、彼らと同じように、われわれも歳を取り、力が衰えてきていることが感じられた。空と大地の赤さ、海の永遠の静けさは、夜明けというよりも夕焼けのように見えた。そしてわれわれは、白い石造りの波止場が上は優しいピンク色、下は濃い紫色に染まる時間になると、海の向こう側でヨーロッパの太陽が照らしている時間を思い浮かべながら、これまでは価値がないものとされてきた、残りの世界の巨大さを痛感したのだった。

影が輪のようにしてわれわれの額を包んでいた。景色は酸化した鉄、古い血液、黄土色を示しており、不可解な紫色とともに、多くを知ってしまったことの後悔がわれわれに重くのしかかっていた。われわれの魂ははるか西の木立の方に傾きながら苦しんでいた。数々の伝説が蘇り、涙が浮かんできたが、海風はそれを乾かしてはくれなかった。「去らねばならない」とつぶやいた。どうしたことか、われわれの探究心は冷えきっており、好奇心も薄れてしまっていた。星を見ることも、それに魅力されることもなくなっていた。すべてにうんざりしていた。時間が永遠に続くかのようだった。

去らねば、と再びつぶやいた。

岸に戻って船に乗りこんだ。そして、悲し気に佇む住人たちに、なぜこの島がこんな紫に覆われているのか、そして島の名前は何かを問うた。

「私たちには、この紫が何なのか説明することはできないのです。ただ、三つめの島で教えてもらえるかもしれません。一度も彼らに会ったことはないのですが。運命の定めにより、私たちはお互いを忘れて、何も分からなくなってしまったのです。この土地は、私たちにとっては、『疑いの島』です」。

やがて船首が水泡を切り裂き、岸が遠くなっていった。われわれは少し考えた末に、この島の名前を決めた。「頭痛の島」と。

サンギネールの三つ目の島の土を踏みしめると、そこは貧しく、色あせた土地だった。小径を進んでゆくと、枯れかかった小さな果樹園にたどりついた。あたりは黒ずんだ苔で覆われ、柵はすり減り、古びた小屋がある。古い骨のように粉をふいた木が枯れた葉をつけ、古代の砂糖のような、小さく熟した実がなっている。丘陵地帯を影が覆い、弱々しい光があたりをつつんでいた。いったいここが同時代なのか、どんな場所かも分からくなってきたが、ともかく何もかもが老いており、奇妙に見えた。

やがて弱々しく、無気力な人たちがあらわれた。彼らの手脚には力がなく、目は曇っており、顔は皺だらけだった。目にはもはや美しさがなく、そのほこりっぽく不道徳な様子は見ていて悲しくなるようでもある。彼らはあらゆるものは無為であると自信ありげに語り、何もかも軽蔑して、役に立つものなどないというのだった。われわれは、そんな考え方が到底認められず、いったい誰がそんなことを支持するだろうとも問いかけた。しかし、彼らは理屈や公理で我々をがんじがらめにした。その細い指は、我々の沈黙を封じ込める蜘蛛の巣を宙に吊るし、織物を仕上げるような仕草で詭弁の陰険な縦横文様を紡いでおり、まるでヒバリがついばむように、われわれの人生を映し出す無と無用の鏡の中から、喜びを奪っていったのだった。われわれは、どう考えたらよいのかも分からず、まるで血管の血が乾いて、人生が失われてしまったような気がした。

われわれは尋ねた。「すべてを知り、全てを否定する人たちよ、あなた方の島の名前は何なのですか。そしてなぜ大地、空、水の色がすべて血の色なのでしょう？　どうにも疑問なのです」。

老いた人々は答えた。「この島は『確信の島』であり『嫌悪の島』だ。どちらの名前も実にふさわしい。真紅の色は、この土地の肥沃な赤錆によるものだ。そして、この凍りついた錆は、三つの島の住民の永遠の血であり、大地の傷口から少しずつ滴り落ちて、あたりを枯渇させてゆく。住民たちは永遠にそこから逃れられない。第一の島の人々は、豊かな血脈を持ち、美と欲望の継承者であるから、その花は実に豊穣だ。第二の島の人々は、真実を知るための困難な闘争を続けるなかで、血の色があせ、新鮮ではなくなっている。そしてすべてを知った私たちの血は色と力を失っており、ここでは淡い黄土色になっている。土地は血を必要としている。かくして、物事を知ることに夢中になればなるほど、私たちは静かに最後の瞬間、すなわち全てを所有することによって、肉体を捨てるという瞬間に進んでいるのだ。それにしても、なぜこんな話をさせようとする？　お前たちも、私たちと同じように、時間を超えた三つの旅を終えたのではないのか？　お互いに知ってしまったことを私たちに話させて、気を紛らわせようというのかな、あわれな者よ？　それともお前たちは自分の魂と身体がどうなっているのか、お前の髪の毛や皺や精神がどうなっているのかを見ることができず、自分自身がもはや不自由な廃人になっていることさえ分からないのか？」

われわれ、すなわち勇敢な船乗りたちは思わず顔を見合わせた。みな同じ言葉を反芻しつつ、自らの身体があの住人たちと同じように衰えていることを理解していた。血液は凍りつき、痩せて、声は枯れ、精神は色あせて鈍っていた。われわれは心の中で叫んだ「ここは皺の島だ！」弱々しい足取りでなんとか船に戻ろうとした。もしかしたら、もしかしたら、と一抹の希望だけを抱いて海辺に向かったが、われわれの目に映ったのは、穏やかな海の底に流れる海流が、すでに船を沖へと漂わせている光景だった。われわれをそこへと運んでくれる波もない。大きな白い帆は風を全くはらまず、船は紫の海の真中で白鳥のように眠っていた……。

……われわれは、ただちっぽけで痩せた老人のように震えるだけだった。まるでおもちゃのような哀れむべき存在でしかなかった。ああ！　この超自然的な岸で、静かな海の中に浮かぶサンギネール島に降りようとしたために、こんなことが起こってしまったのだ。

主よ、もはや許しもやり直しも与えられないのでしょうか。耳をつんざくような嵐も、白亜のように蒼白の帆をたなびかせる残酷な雲も、焼けつくような天空の身振りも、全能であることを咆哮する大洋も、われわれはもう見ることができないのでしょうか。ああ、主よ、われわれはこの赤い嫌悪の国に留まり、故郷の入り江の霧深い岸壁や、北の霧雨の柔らかさ、そして海藻と髪の毛が絹のようにゆれる広大な海の親愛なるわななきを、永遠に捨て去らねばならないのでしょうか？

ああ、ふたたび生き、苦しむということなのでしょうか。ああ、白鳥座、オリオン座、暗い夜と輝く星の下で生きるということなのでしょうか！

……いかがだろうか。物語の構造は比較的単純といってよいだろう。若々しい赤色（オレンジ）の「知識の島」、物憂げな赤色（紫）の「疑いの島」、そしてすべてが年老いて衰弱した赤色（黄土色）の「確信／嫌悪の島」を訪問する「われわれ」が、最終的にはこの三つの島をめぐる道程こそが不可逆な自分の人生そのものだと悟るという話である。

さて、ドビュッシーが、この物語をそのまま音楽化しようとしたのかどうかを探るためには、「海」第一楽章の構造を簡単に分析しておかねばならない。

第一楽章の構造

「海」の分析として最もよく知られているのはジャン・バラケの一九六二年の論文「ドビュッシーの『海』あるいは開かれた形式の産出 La Mer de Debussy, ou la naissance des formes ouvertes」である[16]。この論文は、細かいモティーフが「自己生成的」に音楽を紡いでゆく「海」の手法を論じたものであるが、ここでは随時バラケの分析を参考にしながらも、彼の用語法に依ることなく、全体の構造を見渡すことにする。なお、小節数は全て一九〇九年版を参照している（註（10）で示した通り、一九〇五年版とは小節数が一つずれる）。

楽章全体をバラケは大きく「導入部」「主要部」「結尾部」の三部分に分けた上で、さらに主要部を「I」と「II」の二つに区分している。これはきわめて分かりやすい区分であり、実際、他の論者もほぼ同様の分析を行なっている。(17) 以下、この区分に従って音響を観察してみたい。

［導入部］冒頭〜30小節

まずコントラバスのh音の上に水平・垂直に五度が積み重ねられる中（譜例1）、6小節目で、逆付点リズムによる二度上行があらわれる。波のさざめきのようでもあり、カモメの鳴き声のようでもあるこの動機x（譜例2）は、楽章全体を通してさまざまなかたちで展開される。

12小節（練習番号1）から、コーラングレと弱音器付きのトランペットによって、c音から始まるエオリア旋法による旋律が奏される。これを「序奏主題」と名づけておこう（譜例3）。ここまでhのペダル音の上に音響が構築されてきたことを思えば、このCエオリア旋法は意表をつくものだが、しかしc音は先の動機xが収斂する場所において下行変位されていた音であり（全体をホ長調として捉えると、第六音の下行変位にあたる）、

譜例1

譜例2

譜例3

実は周到に準備されたものだ。

練習番号[2]では、先の五度の堆積が大きなクライマックスを作るが、ここでもいたるところで動機xがこだまのように響いている。

「主要部I」 31小節〜83小節まで

31小節からは、シャープ二つの調号から、一気にフラット五つの調号へ鮮烈な「転調」を遂げることによって、新しいセクションに入ったことをはっきりと窺わせる。

この部分ではまず、明らかに波を思わせるモティーフが弦の伴奏形にあらわれる。これは第二ヴァイオリンとヴィオラの十六分音符によるざわめきを、三連符を基調にしたチェロのうねりが支えるという多層的なつくり。

チェロの三連符音型は一瞬ののちに、des音を基盤にした五音音階による木管群の旋律（譜例4）を呼び込む。これはおそらく「海」の中でも、もっとも聴き手の記憶に残る中心的な旋律だろう。ここでは「主題I」と名づけておく。

譜例 4

譜例 5

35小節（練習番号3）からは、ホルンによって、倍音列音階（基音はdes）を用いた神秘的な副主題（譜例5）がそこに組み合わされる（「主題II」とよぶ）。この主題IIは、楽章を通して三回出現するが、驚くべきことに一貫して、cesから始まるこの音高でしか現れない。すなわち他の主題と異なり、いくらコンテクストが変わっても、絶対音高はそのままなのだ（！）。これは倍音列音階（リディア旋法とミクソリディア旋法の混合）の多義的な性格を利用したものだが、「海」第一楽章の構造プランの中でも最もユニークなものといってよいだろう。

やがて43小節からは全声部を巻き込んだ大きな揺らぎがあらわれ、先の倍音列音階のg音を利用して、内声部に主題I（原型よりも短三度下）の装飾を挟み込んでゆく。続く47小節からは変イ短調に転じ、フルートの滑らかな旋律によって、音階的に上行してゆく「エピソードA」があらわれる（譜例6）。

53小節（練習番号5）からは、再びホルンによる主題IIが登場。この二回目の出現では、低弦が減三和音（f, as, ces）を構成しているが、これらは全てdesを基音にした倍音列音階の構成音

譜例6

譜例7

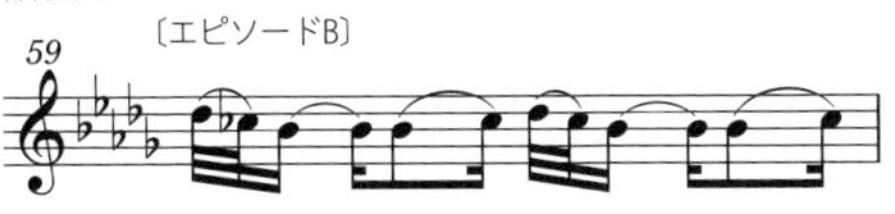

だ。59小節（練習番号6）では再び強く変イ短調に傾斜し、新しい「エピソードB」が哀しげにオーボエ独奏で奏される（譜例7）。

やがて68小節になると、主題I（五度下）、続いて主題IIがあらわれるが、音響はやにわに緊張感を増す。主題Iが短三度上に移行され、そこにトランペットによる序奏主題（短二度上）が合成されて小クライマックスを作り、76小節において、はじめて全楽器が同じリズムを奏でながらカデンツ的な下行音型に到達（主題Iの前半三音からなる）。ここは明らかに「一区切り」ついた地点であり、その後は84小節まで静寂の中に沈みこんで次のセクションを待つ。

「主要部II」 84小節〜121小節

84小節から主題IIIが導入されて、音情景は一変する。まさに夜明けを思わせる、明るい響きの世界だ。この主題は複付点による二度上行（冒頭のx動機の発展形ともいえようか）、そして付点を含む三連符のリズムによって構成されたもの（譜例8）。

譜例8

譜例9

全体は調号通り、はっきりとした変ロ長調の響きを持っている。

　この主題IIIは、付点リズムの助けを借りて次々に形を変えてゆくが、105小節以降では付点リズムから派生した弦楽器のアルペジオの上に主題IIIがのせられる。つまりは一つの主題の二つの側面が抽出されて、垂直に配置されているわけだ。

　112小節（練習番号12）になると、このアルペジオの上に、今度は序奏主題（長二度下）が重ねられ、旋律IIIが支配するセクションの終わりを告げる。さらに122小節からは、コーラングレと独奏ヴァイオリンによって、どこか虚脱感のある「エピソードC」が奏でられる（譜例9）。

「結尾部」　122小節～楽章終わりまで

　132小節（練習番号14）からは、コーダ音型ともいえるホルンの三連符によるパッセージが登場する。変ト長調を基盤にした平行和音で構成されたこの音型がクレッシェンドを伴うと、いよいよ終結部に突入。木管群には序奏主題が再び現れ、動機xを伴う金管群の上行音階と組み合わされて、第76小節と同様のカデンツ音型を響かせたあと、しかし変ニ長調の主和音が金管に残って曲を閉じる。


　あらためて、全体の構造をまとめると次頁のようになろう。

　一見して分かるように、全体をソナタや変奏曲や三部形式といった、既存の形式原理の型に当て

「海」第1楽章の見取り図

小節番号	内容
	(序奏部)
1	h 音をペダル音に持つ 5 度の堆積＋x 動機
12	序奏主題(c エオリア旋法)
23	5 度の堆積＋x 動機
	(主要部 I)
31	波の伴奏形にのせた主題 I(des 音を基にした五音音階)
35	主題 II(des 音を基にした倍音列音階)
43	倍音列音階の展開
47	変イ短調によるエピソード A
53	主題 II(＋f 音の上に構成された減三和音による伴奏部)
59	変イ短調によるエピソード B
64	エピソード A(短 3 度下)の展開
68	主題 I(完全 5 度下)
69	主題 II
72	主題 I(短 2 度上で変形)
	(主要部 II)
84	主題 III の導入
86	主題 III の確保(動機 x が複付点になったもの＋付点リズム)
98	主題 III の展開
105	主題 III が付点リズムによる上下行アルペジオと垂直に重ね合わされる
112	序奏主題(長 2 度下)＋伴奏部は付点リズムによるアルペジオ
119	全音音階による混沌部分＋伴奏部は途中まで付点リズムによるアルペジオ
	(結尾部)
122	エピソード C
132	ホルンの平行和音によるコーダ音型
136	主題 I(原型)＋動機 x を含む上行音型

はめることはきわめて困難だ。

もっとも、先にも述べたように、旋律IIIが登場する84小節の前後、まさに日の出を感じさせる部分で曲全体が大きく二分されていることは、誰もが感じることだろう。前半の序奏部と主要部Iが内部でアーチ型の構成をとる一方で、主要部II以降は変奏曲的な構成を持っていることも、この地点における深い溝の存在を示している。

ユニークなのはそれぞれのセクションが序奏主題、そして主題Iによって連結されていることだ。いわば、これらは「楽章内での循環主題」として前半部と後半部の素材を連結する役割を果たしている。こうして素材群は何度か回帰しながらも、周囲との関係を常に変化させることになる。

第一楽章との相似と差異

では、これまで見てきたドビュッシーの「海」は、モークレールの小説とエクフラシスの関係にあると言えるだろうか(18)。

ちなみにバラケは、ドビュッシーがモークレールの小説を楽章タイトルに借用したのは、たんにタイトルの性格そのものにあり、サンギネール Sanguinaires とメール mer、さらにはベル belle とイル Iles という発音の類似が彼の興味を惹いただけだという（バラケ 1969:29）。

マリー・ロルフも指摘するように、この説はドビュッシーが一八九一年に書いた歌曲「海は伽藍よりも…La mer est plus belle…」との関連を考慮に入れると、十分に信憑性がある。というのもヴェルレーヌの詩によるこの歌曲のタイトルとモークレールのそれとは“mer”と“belle”という二語が共通しており、さらには優しさと残酷さが同居する海の性格を描いているという点でも、奇妙な相似を示しているのである。(19)

一方、小説の内容と音楽の進行の類似にかんしてロルフは、各部が逐一対応しているわけではないとしながらも、両者が全体に三部からなること、全体に漸次的に変化していく質を持っているなどの点で、十分な共通点があるとする。また、逆行不可能な時の推移が主題であるモークレールの小説の内容が、ドビュッシーの最終的なタイトル「海の夜明けから真昼まで」と質的に同様であることは、きわめて示唆的だという。

なるほど、たしかにモークレールの小説と「海」第一楽章は、いくつか面白い類似を持っている。ロルフも云うように、全体が一方向に流れていく時間をテーマにしていること。そして、各セクションに同一の素材が三回現れ（音楽では主題I、主題II、小説では島）、さらには複数の素材群（音楽では序奏主題、主題I、そして動機xなど。小説では島の住人や樹木の様子など）が、セクションを経るにつれて変化していくことなどである。船に乗って三つの島を巡り、同じ問いを繰り返していくモークレールの小説に、彼が何らかのインスピレーションを受けたというのは、十分にあり得るだろう。

しかし、おそらく誰もが感じるのは、小説と音楽では全体の色調がまったく異なることだ。

小説の中では「サンギネール Sanguinaires」という語と「血 sang」という語が響き合い、随所に散りばめられたさまざまなタイプの「赤」が、きわめて不穏・不吉な情景を醸しだしていた。また第一の島から第三の島へ至る道程は、絶望的で救いのない、老いと死への過程を構成している。

一方で、ドビュッシーの「海」第一楽章から、そうした印象を受ける人は稀だろう。なにより曲の後半、かつて筆者が日の出の絵をスコアに書き込んだ84小節以降は、明らかに長調の明るい響きを持っており、暗闇へとずぶずぶ沈んでゆく小説の構造とはうまくフィットしないのだ。くわえて、すでに指摘したように、この後半部は変奏曲的な形式という点でも、前半部と大きな違いがある（もちろん、この後半部でも序奏主題や主題Iがさりげなく回帰するものの、それらは一種の回想のような機能しか果たしていないように見える）。

……やはり両者をエクフラシスとして見るのは不可能なのだろうか。実のところ、筆者は長らくそう考えていた。しかしある時ふと、84小節以前に限るならば、ぴたりと対応させることが可能なのではないかと気づいたのだった。

エクフラシスとしての「海」第一楽章前半

この第一楽章において、何よりもユニークで面白いのは「主題II」の存在だ。変ハ音から始まるこのニョロニョロとした旋律は、周囲の状況がどんなに変化しようが、頑ななまでに原音高で回帰してくる。この点において、他の序奏主題や主題I、主題IIIとはまったく異なる性格を持っているのだ。もしも小説のエクフラシスとしてこの曲を考えるならば、なによりも主題IIをヒントにしなければいけない。

小説の中で唯一変化しないのは、「われわれ」あるいは「船」である。これは波や風、あるいは3つの島の様子とは異なり、つねに定点としてこの小説を貫いている要素だ。とすれば、主題IIは「われわれの乗った船」と捉えるべきだろう。

さて、いったん基準が決まれば、他の要素は自ずと定まってくる。以下、なるべく律義に、二つの作品を重ね合わせてみよう。

まず、冒頭（1〜30小節）は導入部であり、旅の幕開けを五度の堆積が告げる。すでにこの時点で波／カモメ動機（x）が海という場所を示し、さらには序奏主題が不可思議な空気をあたりに漂わせる（この序奏主題は「神秘の動機」とでも呼びたくなる）。

明らかに波の運動を思わせる主題Iは、航海のモティーフであり、これが登場する第31小節から、物語ははっきりと前に進みはじめる。この響きの中で主題II、すなわち「われわれの船」は第一の島へと向かう。

第一の島で出会った、知識欲に燃えた人々との対話は、まさにエピソードAが担っていよう。フルートで律義に上行するこの旋律は、彼らの若い情熱と、どこか融通の利かない様子をよくあらわしている。

続いて、51〜52小節における海の描写（大波、というところだろうか）のあとに、ふたたび主題IIがあらわれる。船は第二の島へと進んだのだ。しかし今回は前とは異なり、主題IIは上陸当初から木管と弦楽器の妖しい下行音型のヴェールに包まれている。その響きは、まさに「疑いの島」にふさわしいものだろう。さらにはエピソードBの悲しさと郷愁は、「われわれ」が第二の島で感じたものと、かなり正確に一致しているように思われる。その後、ふたたびエピソードAもあらわれるのだが、しかし短三度下に移行されたその音型はもはやかつての勢いを失っている。

いよいよ旅はクライマックスに向かう。航海の象徴である主題Iが再びあらわれ、ディヴィジで分かれた弦楽器と共に波の高さを伝えると（69小節）、ふたたび「われわれの船」である主題IIが登場する。ついに第三の島に着いたのだ。しかし彼らは、早くこの嫌悪の島を去らねばならない。ここで音楽が延々と示しているのは「危機」のシグナルだ。急いで船着場に戻ったものの、もはや船はそこにはない（76小節の悲劇的なカデンツ）。彼らの眼前にはただ茫洋とした海が広がっており、ついに自らの運命に絶望することになる……（〜84小節）。

いかがだろうか。もちろんこれらの対応を「妄想」と感じるひともいるだろうが、これまで作曲の経緯と曲の分析によって示してきたように、その妄想に全く根拠がないわけではない。

とはいえ、おおきく二つの問題がある。

まず、最大の問題は84小節以降をどうとらえるかだ。ドビュッシーは、この第一楽章全体に「サンギネールの島々の美しい海」というタイトルを付けていたのだから、後半を無視するわけにはいかない。

敢えて解釈するならば、この後半部は前半部の素材を自由に展開した、明るい結尾ということになるだろうか。なにより重要なのは、あの主題II（われわれの船）はもはやあらわれないことだ。たんに波や海（主題Iや動機x）、そして不可思議な気分（序奏主題）のみが残り、そこに明るい性格の主題IIIが新たに登場して、悲劇の物語は、もうひとつ上位のコンテクストに包含される。実際、終結部で、前半の最後（76小節）と同じカデンツ音型があらわれながらも、ふわりと金管楽器が長調の三和音を奏でるのは、いかにも象徴的ではないか。ここでは前半で描かれた悲劇が、一種の夢だったことを伝えているようでもある。

とすれば、こうした後半部の在り方は、作曲者に第一楽章のタイトル変更を促した最大の理由だろう。

そして、もう一つ、実際にスコアと小説を対照させた時に、第三の島の描写があまりないことに不満を覚える方も多いかもしれない。なにしろ第一の島のエピソードA、そして第二の島のエピソードBが、それぞれ島の様子をかなりよくあらわしているように思えるのに対して、第三の島の特徴である「老いた、皺の島」が描かれた形跡はない。むしろ、第三の島ではただ音楽の緊迫感が増してゆくだけなのである。

ただし、この矛盾については、エピソードA、エピソードBともに、島の住人の描写ではなく、あくまでも「われわれ」の心情と捉えるならば、さして齟齬はきたさないだろう。

すなわち第一の島のエピソードAのせかせかとした気分、そして第二の島のエピソードBでの沈静してゆく気分を経たあと、彼らは第三の島では身に迫る危機をなによりも感じていたに違いないのである。とするならば、一応の説明はつく。

ブルーンは音楽におけるエクフラシスの在り方を、①置換、②補足、③連想、④解釈、⑤戯れという五つに分類している（Bruhn 2000:575–582）。これまで筆者は、ドビュッシーの「海」第一楽章前半を、モークレールの小説の音楽的な「置換」、しかも敢えてかなり直接的な置換として解釈を試みてみたが、もちろんドビュッシーが小説をそのままトレースしたという物的な証拠はなにもないわけで、ここから先へと進むことは難しい。ただし、筆者の解釈に賛同できないという方であっても、この音楽が小説からの「連想」や「戯れ」からなるエクフラシスである可能性については、さして否定はされないのではなかろうか。

ここに至ってわれわれは、冒頭で引用した二つの手紙に立ち返らざるを得ない。彼は海を直接見ることなしに、ただ海に対する愛情と「数えきれない想い出 innombrables souvenirs」の力を借りて筆を進めていた。

海から遥かに遠く離れたブルゴーニュで、彼が数え切れない海の想い出を音楽として再構成しているさなかにあって、モークレールの小説は、彼の想像力を強く刺激したにちがいない。水夫になろうとした若きドビュッシーが見た荒々しい海と同じように、おそらくモークレールが描いたあの暗く絶望的な海もまた、「海」という作品の一部なのではないだろうか。[20]

註

（1）これは、柴田（1967）の四八頁に示されているエピソードだが典拠が記されておらず、原典を確認することができなかった。
（2）Bruhn（2000）参照。なお、今井千絵の博士論文「カロル・シマノフスキのピアノ曲『メトープ』『仮面劇』と文学の関連性：ミュージカル・エクフラシスの視点から」（今井 2020）は、おそらく日本で初めて、本格的にこの方法論を楽曲に適用した研究。筆者は今井氏からこの概念について多くを学んだ。
（3）ビシャンの地名と思われる。以下参照（Debussy 1927:12）。
（4）「……私は『海』にとりかかっています」（Debussy 1927:10）。ちなみに、なぜかロックスパイザーを初めとする多くの伝記作家が、最初に彼の書簡に「海」が現れるのを、先の九月一二日の手紙だと述べているのは興味深い。ルジュール編による書簡集に、この八月の手紙が収録されていないからだろうか。
（5）多くの研究書の中で、唯一バラケのものだけは二人の出会いをもっと早いものと推定しているが、邦訳を担当している平島正郎は根拠薄弱としてこの説を退けている。（バラケ 1969:219-220）を参照。
（6）マスネのオペラ「マノン」における主人公の登場シーンでは、旅先でのあれこれを思いだしながら、マノンが「私はまだぼうっとしているわ」と歌い出す。

（7）自筆譜（パリ国立図書館 Ms.967）の最後にはこの三月五日の日付が記されている。ペータース版スコアの校訂報告を参照。

（8）さらに、一九〇二年から一九〇四年にかけて、ドビュッシーがブルターニュ半島に頻繁に訪れていたという証言もある（Spence 1979:641）。

（9）この日、同時に演奏されたのはベートーヴェン「第七番」、ダンディ「フランスの山人の歌による交響曲」、ベルリオーズ「謝肉祭」であった（Gautier 1997:92）。ちなみに練習の段階から、ドビュッシーは指揮者のC・シュヴィヤールに戸惑いを感じており、一九〇五年一〇月一〇日（本番の五日前）のデュラン宛の手紙では「あなたにはお分かりになると思うのですが、私はくたくたに疲れてしまいました。彼［シュヴィヤール］は猛獣使いにでもなるべきでした」と、その芸術性の低さを嘆いている（Debussy 1927:36）。

（10）ちなみに初演後、「海」は長らく再演の機会を持たなかったものの、ようやく一九〇八年一月一九日と二六日にドビュッシー自身の指揮、コロンヌ管弦楽団によって再演が行われた。その後、おそらくは自身が演奏することによって明らかになったオーケストレーションや記譜法の問題点を、彼は一九〇九年の出版譜で修正することになった。

　この一九〇九年改訂版は、管楽器の重複具合を微修正した部分、そして細かいダイナミクスを修正した部分にくわえて、明らかに聴取し得る相違点がいくつか存在する。特に目立つ点としては、第一楽章の初版84〜85小節を一小節にまとめたこと（ゆえに一九〇五年初版の方が一小節長い）、第三楽章110〜111小節におけるフルートの処理を変更したこと、さらに第三楽章237〜244小節における金管楽器のファンファーレを削除したことなどが挙げられよう。とりわけ最後の点は大きな変更といえる。この経緯については（Howat 1985:65）を参照。

（11）たとえばHenry Tayloy Parkerの評（Trezise 1994:26）、Chantavoineによる評（Vallas 1973:174）、Marnoldによる評（同書:175）など。
（12）ちなみに、この書物は『印象派の書家』というタイトルで、大正五年に柳澤健繹によって邦訳されている。
（13）「三つの歌」作品二七など。
（14）日付は（Spence 1979:640）による。
（15）この小説のコピーはパリ国立図書館からも失われており、ロルフ以前の研究者は内容を読んだ形跡がない。
（16）ただし論文が公になったのは、バラケの死後の一九八八年。
（17）たとえばTrezise（1994）やHowat（1985）の論文における分析を参照のこと。
（18）ちなみに、オスカー・トンプソンは曲全体を、この小説とは異なる詩的なプログラムの中で解釈している。（Trezise 1994:39）を参照。
（19）彼はサンギネール島に行ったことはなかったようである。（Dietschy 1990:127）を参照。
（20）一八八九年のインタビューでドビュッシーが、作曲家でなければ水夫になっただろうと述べているのは有名。Dietschyの著書にはこのインタビューの全体が収録されているが（Dietschy 1990:56–57）、ここで彼は、好きな色：紫、小説の主人公で最も好きな人物：ハムレット、という具合に若い作曲家らしい実に律儀な答えを返している。

第 4 章

不確定性音楽をめぐるコミュニケーション

図形楽譜はどうして演奏可能なのか？

【音楽社会学】

音楽を社会相のなかで捉える分野。音楽作品に対する価値判断をいったん棚にあげて、主にその社会的コンテクストにさまざまな角度から切り込んでゆく方法論は、現代の音楽学のひとつの基本になっているといってよいだろう。

西洋音楽史書の第二次大戦後のパートを開いてみる。そこにはトータル・セリアリズムなどの複雑でシステマティックな作曲技法に続いて、「偶然性」や「不確定性」の音楽があらわれたことが記されているはずだ。そして、たいていは後者の一例として「図形楽譜」が紹介されている。

左頁に載せたのはそのもっとも有名な例のひとつで、史上初の完全な図形楽譜と言われる、アール・ブラウン（1926–2002）の「一九五二年一二月」（1952）である。

ご覧の通り、正方形のなかに短冊のような棒がただ縦横にパラパラと並んでいるだけ。初めてこの楽譜を手に取ったひとは、その外観もさることながら、これをどういう具合に読めばよいのかという説明書きがほとんどないことに驚くはずだ。[1]

一体、これを「音楽作品」と呼ぶことができるのだろうか？　そもそも、こうした楽曲の場合、作曲者のブラウン本人であっても、音を聴いただけでは、自分の曲だと同定することは難しい。つまり彼にとっても、一体、この楽譜からどんな音が引きだされるかは分からないのである。しかし、それでもこの曲は「アール・ブラウン作曲」として流通しており、演奏されれば著作権料だって入る。なんだか不思議な話だ。

このような図形をどうやったら演奏し得るのか、これまでどういう読みとり方によって演奏されてきたのか、そして一体、図形楽譜の「良い」演奏というものが存在するのか……多くの人は漠然とこんな疑問を抱いているのではなかろうか。この種の曲においては作品の本体は音響の側でなく、楽譜の側に同一化しているのだ、といった類の美学的・存在論的な説明がなされたりもするが、そうした抽象的な議論をいくら積みかさねても、先のような素朴な疑問に答えることは難しい。

もちろん、楽譜に何のインストラクションも付属していない以上、原則的にこの楽譜の読み方に「間違い」はないから、図形から受けたインスピレーションをもとにして、あとは好き勝手に演奏すればよい、ともいえる。なんでもアリ、といえばその通りだ。

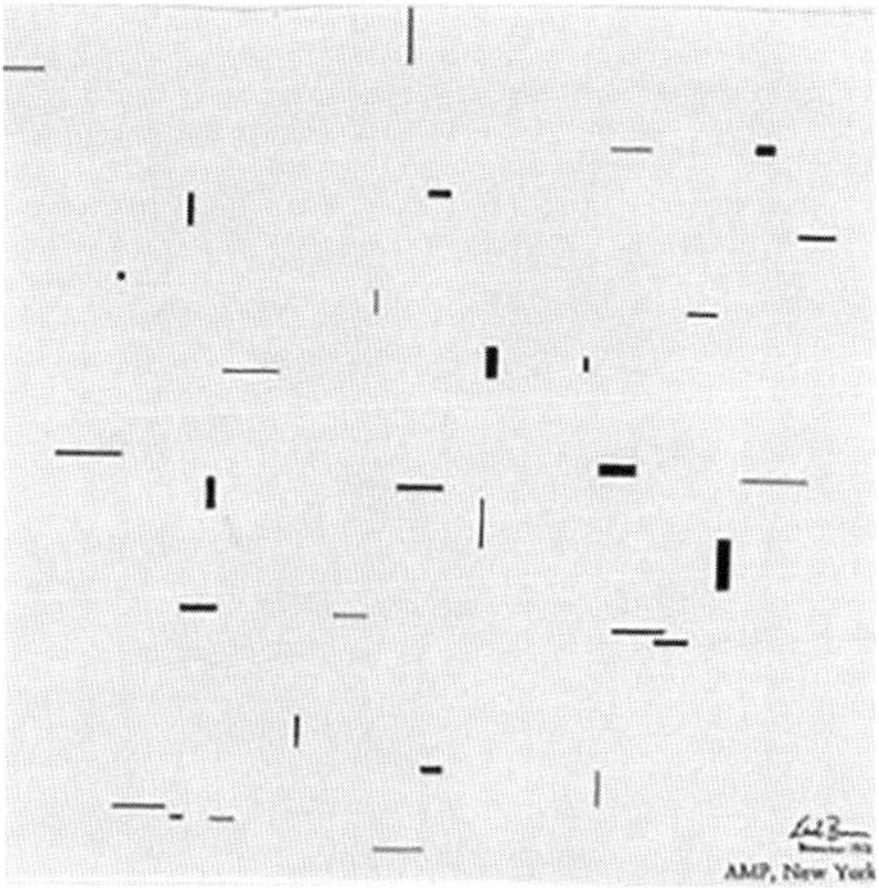

アール・ブラウン「1952年12月」

しかし、おそらく問題はそれほど簡単ではない。ブラウンやケージによる図形楽譜は、これまで世界中の多くの演奏家によって取りあげられてきた。決して、冗談やおふざけではなく、彼らは彼らなりに、真剣に図形楽譜の「良い」演奏を模索してきたはずなのだ。

本章では、そこにはどんな論理や倫理が働いているのか、そしてどのようなメカニズムが作動しているのかについて考えてみたい。

不確定性音楽とは何か

まずは「不確定性音楽 indeterminate music」の定義をしておかねばならない。図形楽譜は不確定性音楽の中心的な例のひとつだが、これは「偶然性の音楽」とはどこが違うのだろうか。

庄野進は、作曲者 ↓ 楽譜 ↓ 演奏者 ↓ 音響 ↓ 聴取者という連鎖のなかで、どこに偶然的な要素が介入するかに着目して、ケージの音楽を四種に分類した（庄野 1976）。

第一のタイプは、コイン・トスによってすべての音符が決定される「易の音楽」（1951）のように、「作曲者 ↓ 楽譜」の段階で偶然性が介入する例である。この場合、楽譜自体は通常の五線譜で書かれているから、演奏者としては基本的にはベートーヴェンにたいするのと変わらない態度で作品に向かうことになる。

第二のタイプは、「楽譜 ↓ 演奏者」の段階に偶然性が介入するもの、つまりは音高や音価（音の長さ）、曲の進行など、音楽の何らかの側面が奏者にまかされている作品を指す。図形楽譜による作品はまさにこのもっとも自由な例のひとつである。

第三のタイプは、「演奏者 ↓ 音響」の過程で偶然性が含まれるもので、たとえば楽譜にしたがってラジオの周波数を変化させる「ラジオ・ミュージック」（1958）などがこれにあたる。この場合、演奏者は厳密に楽譜を「演奏」するが、しかしラジオ番組は毎日変化するために、自分で音響結果をコントロールすることができない。

そして第四のタイプである「音響 ↓ 聴取者」にかんする偶然性は、一見するとあり得ないようにも思われるが、ケージの「HPSCHD」（1969）がその例なのだと庄野はいう。このレコードを聴くさいには、添付された表に基づいて、五秒ごとに音量、高音（トレブル）、低音（バス）のコントロールつまみを、聴き手自身が操作しなければならない。しかも添付表はレコード毎にまったく異なる。ゆえに、聴き手によって違った音楽を聴くことになるというわけだ。(2)

ちなみに、この四つは実例の数としては著しく不均等である。第四のタイプはきわめて特殊であるのにくわえて、第一、第三の偶然性も実例はさして多くない。一方で、第二タイプの偶然性は、ケージとその周辺に留まらず、ヨーロッパや日本でも多くの作品において導入されており、実例の数は桁ちがいに多い。

多くの研究者と同じく、筆者が「不確定性音楽」と呼ぶのは、この、庄野の「第二タイプ」の偶然性である。そこでは何らかのかたちで楽譜に不確定な部分があり、演奏者はそれを自ら判断して音響を発しなければいけない。すなわち、これは「不確定的楽譜」を使った音楽と同義ということになる。

不確定性音楽の諸形態

もちろん、ふつうの五線譜にも多くの不確定な箇所がある。「アレグロ」がどのくらいの速さで、「f」がどのくらいの強さなのかはひとによって異なるし、フェルマータの長さはもちろん、スラーやスタッカートのニュアンスも精密な指定は不可能だ。その意味ですべての楽譜は不確定ともいえるのだが、しかし「不確定性音楽」は、きわめて意図的にいくつかの要素を不確定な状態に置き、音楽に可変的なかたちをもたらそうとする。

さて、不確定性音楽が扱う（＝意図的に不確定な状態に置く）要素は、本質的には四つ――「音高（音の高さ）」「音価（音の長さ）」「アンサンブル（音の重なり）」「進行（音の順番）」――といってよい（沼野 1994）。

音高、音価はともかく「アンサンブル」と「進行」というのはちょっとばかり分かりにくいかもしれない。まず「アンサンブルの不確定性」とは、楽器群全体の縦の響きの不確定性を指す。たとえば、弦楽四重奏の四人がそれぞれ自由なテンポで自分のパートを演奏するような場合に、この不確定性がもたらされる。一方、「進行の不確定性」とは楽曲内での時間的進行、前後関係が自由である場合を指す。たとえばシュトックハウゼン「ピアノ曲XI」（1957）に代表されるように、細かい楽譜断片がいくつか提示されており、それらを奏する順番が奏者の自由に任されている、といったケースである。

これら四つは、振動数と時間のグラフである五線記譜法においては、もっとも本質的・確定的な要素といってよい。すなわち最初に挙げた二つの要素、「音高」と「音価」は、一つの音符レベルでの垂直・水平軸に相当し、後の「アンサンブル」と「進行」は楽曲レベルでの垂直・水平軸に相当する（下図参照）。

一般的にいえば、音楽作品はこの四つの要素が不安定な様相を呈した時に、もっとも強く同一性が揺らぐ。強弱やテンポが多少異なっていても、音程やリズムが同じであれば楽曲の同一性は確保されるが、音高が違っていたり、旋律が出てくる順番が異なっていたりしたら、もはや同じ曲とは見なされないだろう。

不確定性音楽は、ある曲は音高のみに、ある曲は音価のみに、そしてある曲は「音高とアンサンブル」という具合に、さまざまなレベルで楽曲に不確定性を導入して、従来の作品概念を揺さぶろうとする。(3) なかでも先のブラウン作品のような完全な図形楽譜は、「音価・音高・アンサンブル・進行」の全てが不確定な、究極の不確定性音楽といえよう。そこでは、音楽のほとんどあらゆる要素が演奏者の判断にまかされることになるのだ。

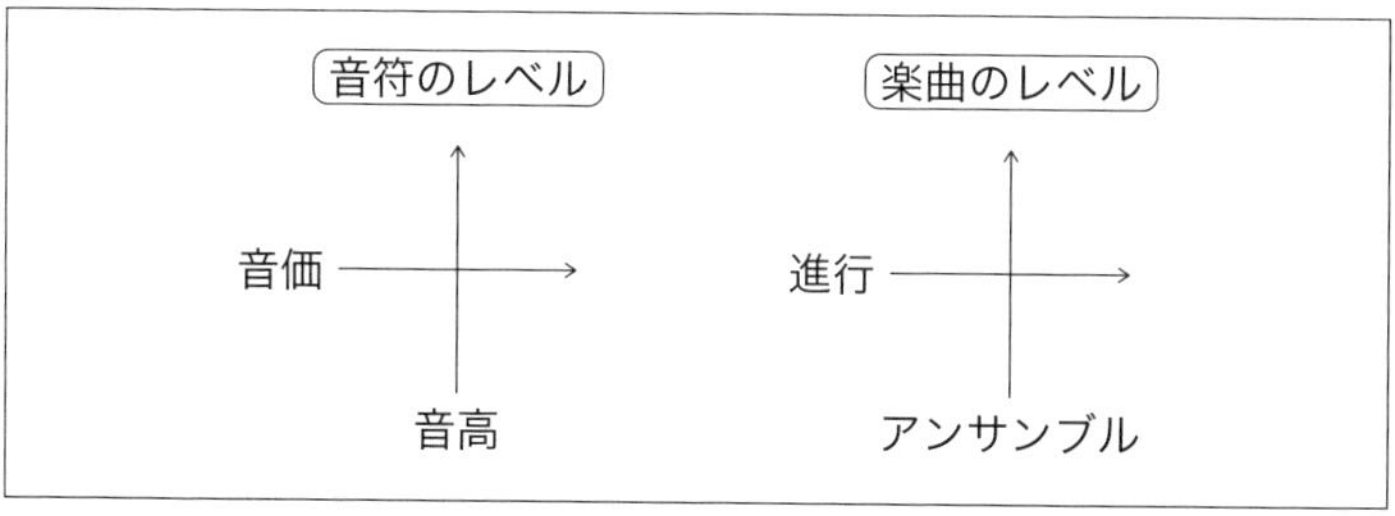

音楽をめぐるコミュニケーション

一般に「クラシック音楽」の作曲家は、何らかの音響的な構造物を思いえがき、それを五線記譜によって紙の上に記す。そして演奏者は、作曲家が思いえがいたであろう音響を五線譜から読みとりながら、自分の解釈を加えて演奏を行なう。いわば音響メッセージをコード化（記譜）し、それを演奏者がデコード（解読）するというシンプルなコミュニケーションだ。もちろん、数式や暗号などとは異なり、この場合のメッセージには一定の解釈の幅があるけれども、根本はその枠組みで解釈し得る。

しかし図形楽譜を用いた不確定性音楽の場合、作曲家の頭のなかに、確たる音響があるわけではない（もしもあるとすれば、図形楽譜を用いる意味がない）。むしろ逆に、さまざまな音響が発出し得る可能性を担保するために、彼らは不確定な楽譜を用いているわけだ。となれば、作曲者と演奏者のコミュニケーションのかたち、メッセージのやり取りは、伝統的なそれとは自ずと異なるものになろう[4]。

先のケージの偶然性音楽の分類でも見られたように、一般に、音楽におけるコミュニケーションは下の五段階で示されることが多い。

これはシャノン型の情報理論的なコミュニケーション過程を、そのまま音楽に援用

作曲家 ⟶ 楽譜 ⟶ 演奏者 ⟶ 音響 ⟶ 聴衆

したものである（シャノン、ウィーバー 2009:22）。[5] この図からは、作曲家が「楽譜」を演奏者に渡し、演奏者が聴衆に「音響」を渡す、という関係が見てとれよう。三種の人間のあいだで二種の「モノ」がやり取りされるわけだ。

もちろん、この図は間違いではない。しかしこれを「作曲家の役割は楽譜を書くことのみであり、演奏者は楽譜のみをもとにして音響を発し、聴取者は音響のみを受容する」と解釈するならば、話はやや違ってくる。後述するように、実際には演奏者や聴取者は、楽譜や音響以外のさまざまな情報を受信しており、ほとんどの場合、こうした情報を勘案しながら楽譜を解釈している。そして、結論から言ってしまえば、不確定性音楽の大きな特徴は、とりわけこの度合いが高い点にあるのだ。

口述によるサブテクスト

「現代音楽」においては、リハーサルやゲネプロ（本番直前の練習）の段階から作曲家が立ちあうケースはきわめて多い。その場合、作曲家が口述によって作品の解釈を示し、一定の方向に誘導することが可能だ。

こうした「口述によるサブテクスト」は全く存在しないこともあるが（例えば作曲家が死去している場合や遠い国にいる場合）、存在する場合には、作曲家によって直接もたらされる情報だけに、時には楽譜よりも大きな参照源となり得る。

チャールズ・シーガーはその記念碑的な論文「規範的楽譜と記述的楽譜」のなかで、記譜法をめぐる問題点のひとつとして「記譜の聴覚的・視覚的な信号の調和のなかへ、口述技術が連続して伝統的に介入していることに対する無視」をあげている（Seeger 1958:184）。彼はさらに「口述伝統の知識（あるいは聴覚による伝統）と結合された、筆記の伝統の知識の付加なしには、譜面の書き手と同じように音響を発することはできない。〔中略〕この聴覚による（耳で聴いた）伝統は、慣習的に『音符のあいだで何が起こっているのか』という知識のほとんどを補完する」という（同書:186）。すなわちシーガーは、事実上、五線記譜でさえも、口述伝統の介入なしには読みとりが難しいと説いているのだが、ましてや楽譜の形態が曖昧な不確定性音楽においては、この情報は決定的な重要性を持っている。

たとえば作曲家デヴィット・バーマンはその論文のなかで、四人のパートがそれぞれ自由なテンポで進行するというタイプの不確定性音楽である、フェルドマン「デュレイション1」について、次のように述べる。

> 四つのパートの割合は、それぞれの奏者が取る進行の速度によって変化する。速度は楽譜やそれに付随するインストラクションにははっきり記されておらず、「それぞれの音の長さは演奏者によってのみ決定される。ただしすべての拍は遅い」とあるだけだ。〔中略〕しかし、実際の演奏では適当な速度というものが存在し、これを過度に逸脱するならばよい演奏にはならないだろう。

続けてバーマンは、この「適当な速度」は、楽譜には書かれていないルールであるという。

演奏の範囲を示す、この書かれていないルールは、現実的にはリハーサルの際に作曲家によって、あるいは指揮者やその作品に精通した演奏者によって、その種の音楽に慣れていない演奏者にたいして提示される。作曲家が築き上げ、これまで奏者たちに伝えてきた個人的な様式（あるいは伝統や「常識」）の境界線は、そのようにして示されるというわけだ。すなわちこれは、音楽学者の間で長年議論になってきた演奏の諸相に関する諸規則（たとえばバロック時代のリズム）のように、文字ではなく口承によって伝えられるものと言ってよいだろう。

(Behrman 1965:60–61)

（同書 :61）

まさに、これは、広い意味での「演奏慣習」の問題ということになろう。

アール・ブラウンの「一九五二年十二月」は、先にも述べたようにまったく自由な図形楽譜だが、「演奏の助力を求められたとき、ブラウン自身は何が許されているかについて、明確な概念を持っていることを示した」という（グリフィス 1987:81）。

この場合、助力を求めた演奏家は、ブラウンから直接うけとった言葉によって、その演奏の範囲を決定することになるだろう。それは楽譜には「書かれていない」にもかかわらず。

コラボレイターとしての演奏家

こうした「書かれていない」情報を持っているのが、作曲者と親密な関係にある演奏家たちである。彼らは時として、たんなる解釈者ではなく、作曲家のコラボレイターといってよい役割を果たすことになる。

ルーカス・フォスは一九六三年の論文「作曲家と演奏家の関係の変化」のなかで、作曲家と演奏家の関係が前衛音楽のなかで大きな変化を遂げているとし、ケージとピアニストのデヴィッド・チューダー、ベリオと声楽家キャシー・バーベリアンなどの「チーム」について次のように述べている。

この探究において言及されたそれぞれのチームは、新しい音楽における「共同事業」と我々が呼び得るもののなかに含まれる。ここで特徴的なことは、新しい仕事の可能性にたいして、作曲家は、あらたに見出したパートナーあるいは親友に魅惑されているということである。　(Foss 1963:46)

フォスの言葉を裏づけるように、ケージはチューダーについてこう語っている。

彼の並外れた技巧、能力、またあらゆる種類の技術的問題を解決する時に彼が示した細かい気づかい……そう、私はそれに惹きつけられました。〔中略〕一九五二年以降のすべての作品では、デヴィッド・チューダーにとって面白く、また素晴らしく見えるようなものを実現しようとしてきました。私の作ったものにうまくいったところがあるとすれば、それは彼と関係があるのです。

（ケージ 1982:179）

実際、この時期のほとんどのケージのピアノ作品はチューダーに捧げられており、そしてチューダーが初演している。いわば、一九五二年以降のケージのピアノ作品にはチューダーという存在が刷り込まれているといってもいい[6]。こうしたタイプの奏者たちは楽譜に「書かれていないこと」を作曲家と共有しており、作曲家側もそれを前提にして曲を書いている[7]。打楽器のカスケル、フルートのガッツェローニ、オーボエのホリガーなどは、初期不確定性音楽における、こうしたパートナーの典型といえよう。

さらに、こうしたタイプの演奏家による演奏や録音は、続く演奏者たちに「正しい」読み取り方に関する情報を与えることになる。近藤譲はケージの音楽について、次のように述べている。

実際ケージの譜面を演奏して、どうしてケージの音楽に聞こえるのか不思議でね、彼の楽譜を演奏したからケージの音楽に聞こえるという保証はあまりないわけです。それがそう聞こえてきているというのは、初演の時ケージが演奏したのを聴いている人たちが演奏している、それをどう演奏するのかと聞かれた人はまた、それに基づいてこう演奏するんだというように伝える。そういった口伝えの伝承があるから、何となくケージの音楽がケージの音楽として響いてきているというところが随分強いですね。

（小林 1991:52）

口承による情報は、こうして次々に連鎖してゆくのである。

また、特殊なケースとしては、演奏者の名がそのまま作品タイトルになっている場合がある。もっとも有名なのはシルヴァーノ・ブソッティの「D・チューダーのための五つのピアノ曲」（1957）だろうか。この曲はきわめて図形的ながらも、読み取り方に関するインストラクションは全く付属していない。しかしタイトルの「チューダー」という名前から、受け手はある種の情報を得るだろう。実際、作曲家コーネリアス・カーデューはこう言っている。「この曲のタイトルの〈デヴィッド・チューダー〉という語は、献呈などとは異なり、むしろ楽器の指示、記譜法の一部となっているのだ」（Cardew 1961:22）。

同様な作品に、一柳慧の「D・チューダーのためのピアノ音楽第四番」（1960）がある。この曲も「アタックは付けない」「延ばした音と沈黙のみで」「何台のピアノ、何人の奏者によって演奏されてもよい」という三つの文章のみからなる、図形楽譜以上に不確定な作品である。しかしタイトルに挙げられているチューダーの演奏スタイルは、強力な参照項として楽譜の読み手に与えられることになる。

文章によるサブテクスト

サブテクストは、口承のみにとどまらない。多くの現代作曲家たちにとって、文章を書くことは、今やその仕事の一部にさえなっている。彼らがそうした文章で自作に言及する場合、その言葉は演奏者にとって、楽譜を補完するサブテクストとして機能しはじめるだろう。(8)

例えばシュトックハウゼンは『テクスト』と題された自著シリーズなどにおいて、さまざまな自作について言及しており、シュトックハウゼンの作品、それもとりわけ不確定な作品群を取りあげようという演奏者が、こうした著作によって楽譜を補完しようとする可能性は高い。(9) 同様にブーレーズは、自らが不確定性を採りいれた「ピアノソナタ第三番」にかんして、わざわざ二つの論文（「骰子」「ソナタよ、お前は何を私に望むのか」）を発表しているから、この曲を演奏する演奏者にとっては、どちらも重要なサブテクストとなろう。

また、ケージは自著『M』のなかで、彼の図形楽譜作品「ピアノのためのソロ（彼の「ピアノとオーケストラのコンサート」のピアノパート）」のリハーサルに立ちあった際のエピソードを記している。

そのリハーサルを聴いた時、わたしは、一人の生徒がしていることを見て驚いてしまいました。その曲のおわりちかく、彼がピアノの上にいくつかの打楽器を並べ、そして奏しはじめたのは、明らかなA－B－A形式、異国趣味の、中華風の俗っぽいもの……まったく馬鹿げたもので、それはわたしが決してしないような種類のことだったのです。そこでわたしはその後で彼に、私の記譜のどこにそのようなことを行なう許可を見出したのか、と尋ねました。彼はわたしに、そこで使われていた楽譜のなかのいくつかの断片を示しましたが、それを一瞥したときにわたしは、それが理解しにくいものであって、彼が行なったこともそこから導き出し得るかもしれない、と思いました。

（ケージ 1980:121）

ここでケージは、この作品にたいする解釈の許容範囲の一部を明らかにしている。それは「ABA形式」であってはならず、「中華風の俗っぽいもの」であってはならないのだ。しかし、上記引用の最後でケージ自身も認めているように、本来、図形楽譜はつねにそのような読みとり方をされる可能性を持っている。

また、同じようにフェルドマンの「プロジェクション1」（この曲では、音高は低・中・高の三段階で記されており、その範囲内において奏者が自由に音高を決定する）について、クリスチャン・ウルフはインタビューでこう述べている。

しかし、この種の曲では、ときには演奏者が作品を台なしにしてしまうこともある。これは「プロジェクション」の演奏で実際にあったことですが、演奏者たちが音高を選ぶにあたって、既成の旋律をそれに使ったのです。〔中略〕指定の音高に収まってさえいればどの音高を選ぶかは奏者の自由なわけですから、彼らがそう主張して譲らなければどうにもなりません。

（ウルフ 1988:67）

やはりここでウルフは、そのような読みとり可能性があることを明確に認めているにもかかわらず（「奏者の自由なわけですから」）、既成の旋律を使用することはよくないのだという。もちろんウルフはこの曲の作曲者ではないが、彼は作曲者にきわめて近しい「同志」と広く見なされているから、彼の意見は一定の権威を発揮すると考えられよう。

コーネリアス・カーデューは「ダイナミクス（強弱）は自由」とある楽譜の読み取りについて、以下のように述べている。

「ダイナミクスは自由」という指示は、ダイナミクスをつけない、あるいはずっと同じダイナミクスであるとかいうことを意味するわけではなく、演奏者に「どのようなダイナミクスがこの音にふさわしいだろうか」ということを自問させるように仕向けるということなのである。

（Cardew 1961:31）

まさにその意味において「ダイナミクスは自由」ではない。一見するとシンプルで自由な不確定性音楽の楽譜は、意外に多くのことを演奏者に強いるのである。

「厚い記述」から「レパートリイ」へ

以下、もう少し広い視点から、こうしたコミュニケーションのあり方について考えてみよう。文化人類学者のクリフォード・ギアーツは、コミュニケーションの過程における情報解読について「厚い記述」という有名な概念を提出している。(10) 少年がこちらを見てウィンクした場合、それは悪だくみの合図とも考えられるし、単なる瞼のケイレンかもしれない。ゆえに民族誌においては、たんに少年が片目をつぶっているという「薄い記述」ではなく、さまざまな社会的文脈からその行為を解釈する「厚い記述」が必要だという議論である(ギアーツ 1987:10)。

ある意味で、不確定的楽譜とは、少年のウィンクのようなものに他ならない。それ単体では意味/解釈を確定することが難しいために、どうしてもさまざまな文脈に頼らざるを得ないのだ。文脈のなかでも、先に述べた口述や筆記によるサブテクストはきわめて重要・主要なものだが、しかし当該作品に関する口承・文章・録音などによる情報が一切ないというケースも、当然ながらあり得る。

その場合、演奏者は積極的に情報を読み込んでいかねばならないことになろう。

送り手が明快なメッセージを伝達していないにもかかわらず、受け手にとってひとつの意味が生じるような状態を、社会学者の山本明は「負のコミュニケーション」という語で呼び、「私が述べているコミュニケーションは、送り手の意図をはるかにこえて、受け手が意味を付与する場合である。それは『読み込み』と呼ばれるジャンルにある。それは受け手による『関係づけ』である」（山本 1973:201）とする。

注意すべきなのは、ここで受け手は自ら意味を付与するとはいえ、送り手の意向を無視して恣意的に意味を読みとるわけではなく、送り手の情報をその可能性において受けとり、積極的に意味づけようとする点だ。これはまさに不確定性の音楽をめぐる、作曲者と演奏者のコミュニケーションに近いといえるだろう。

こうした、受け手が積極的にテクストに「読みこみ」、意味を付与するという行為は、いわゆる受容理論のなかで論じられてきたことでもある。たとえばヴォルフガング・イーザーは、サールやオースティンの発話行為の理論を検討しながら、話者と聞き手に共通する慣習を「レパートリイ（貯蔵）」と呼んだ上で、以下のように述べる。

> レパートリイは、既存の知識をテクストがとり込んでいるという点で、さまざまな慣習を示している。こうした知識は、先行するテクストばかりでなく、ごく普通に社会規範ないし歴史的規範、テクストが生み出された社会的文化的コンテクストなどに関連している。〔中略〕こうした〈現実〉

との連関によって、テクストは、いわゆるテクストの内在性を超える構成要素を持つ。

（イーザー 2005:116）

ここにはきわめて重要な示唆が含まれていよう。それ自体としては読みようがない図形楽譜も、しかし一方では必然的に「歴史的規範」や「社会的文化的コンテクスト」を貯蔵している。こうしたテクスト外の要素を参照するならば、何ら口述や文章によるサブテクストを持たないような楽譜であっても、一気に「読み得る」ものとして我々の前に立ちあがってくるのである。

作曲者のコンテクスト

情報の送り手である作曲者が発信を意図していない情報、いわば演奏者が自ら「読みこまねばならない」情報を、以下では二つに分けて観察してみたい。まず、その一つ目を「作曲者のコンテクスト」と名づけておこう。

「作曲者のコンテクスト」とは、具体的には、その作曲者の経歴、過去の作品などであり、いわば作曲者の属性すべてということになる。実に当たり前の話ではあるのだが、「誰が」その作品を作曲したのか、というレベルの情報はとてつもなく重要だ。

ゆえに、ケージのようにアメリカ実験音楽の系譜に属する作曲家による図形楽譜と、ポーランドに生まれたユダヤ系作曲家ローマン・ハウベンシュトック＝ラマティの図形楽譜では、仮に楽譜の外観がほぼ同じだったとしても、読みとり方は変わってくるだろう（前者の場合には、先の近藤譲のエピソードのように、ケージという作曲家をめぐる分厚いコンテクストが、演奏者を「ケージ的な」音楽へと誘導してゆくわけである）。

また、ケージは「フェルドマンの五線譜作品は、自らのグラフィック作品の解釈なのである」と述べているが（Nyman 1974:45）、これはすなわち、フェルドマンの図形楽譜作品は、彼の五線譜作品のように読みとり得るという意味でもある。実際、高度に不確定的な楽譜は必然的に、当該作曲家特有の様式の範囲内で解釈されることになるだろう（ゆえにフェルドマンの図形楽譜の演奏であれば、どこか「静謐」な趣を湛えるケースが多くなることが予想される）。

また、一曲のなかに五線による確定的な記譜部分と不確定的な記譜部分を両方あわせ持っている作品の場合、奏者は確定的な部分を参考にしながら、不確定的な部分の解釈を進めることになるだろう。いわば作曲者のコンテクストにくわえて、「作品のコンテクスト」がここでは発動するわけである。

たとえばアール・ブラウンの「お祭り騒ぎ」（1964）には、五線譜による楽譜のなかで、まったく奏者に自由に任された「Free Area」と記された部分が何度かあらわれる。(11) この部分を奏者が扱うさいには、それまでの部分の音響を参照するに違いない。

また、武満徹の「リング」（1961）は七つの小曲からなるが、五線譜を用いたR、I、N、Gという四曲と、まったくの図形楽譜による三曲とが交互におかれている。この場合、奏者は実際にはRING部分の音響を参考にしながら図形楽譜を演奏することになろう。作曲家側からいえば、このような形で図形楽譜を用いるならば、自らが好みではない読みとられ方を、ある程度は回避することが可能ともいえる。

こうした「作曲家のコンテクスト」は、演奏者が自発的に読みこむものであるのだが、図形楽譜のように不確定度が高い楽譜の場合には、それは現実的には一種の強制としてあらわれる。われわれはその作曲家の作品として「ふさわしい」やり方で演奏を行なうという倫理を課せられているのである。

歴史的コンテクスト

すべての音楽作品は、それが置かれた歴史的コンテクストと深い関連を持っている。言うまでもなく、一九二〇年代には二〇年代の、六〇年代には六〇年代の様式がある。(12)

もしも、まったくマイナーで名も知らないような作曲家（つまり何らサブテクストや「作曲家のコンテクスト」を持っていない作曲家）による図形楽譜作品がここにひとつあるとすれば、差し当たってわれわれは時代様式の範囲内――すなわち不確定性音楽があらわれた一九五〇年代以降の様式――でそれを解釈するよりほかない。ゆえに旋法的や調性的な音響ではなく、もちろん対位法的でも和声的でもない、いかにも「現代音楽」的な無調様式が選択されることになるだろう。

　デヴィッド・バーマンは、「不確定的記譜はなにを確定するか」と題された論文において、不確定的記譜法がどのように解釈されているのかを、実際の演奏例から探るという面白い試みを行なっている。彼は、確定的な音高や音価を持っていないフェルドマン「プロジェクションIV」（1951）のレコードにおける演奏を自ら採譜して、その結果「ヴァイオリンは七度と四度を強調し、オクターヴを避けている。これは紛れもなくセリー音楽の特徴である」と述べる（Behrman 1965:63）。奏者たちは、フェルドマンの図形楽譜を解釈するにあたって、ごく自然に、完全に無調的な音高を選んでいるわけだ。

　また、数は少ないけれども、図形楽譜に、その音響リアリゼーションの具体的な一例がインストラクションとして付属している作品がある。

　カーデューの「オーケストラのためのオータム'60」（1960）、「ジャスパー・ジョーンズのためのオクテット」（1961）は、いずれもきわめて不確定度の高い作品だが、楽譜の説明には読みとりの一例が示されている。このリアリゼーション例をみると、増減音程を軸にした完全な無調で書かれていることが分かる。つまりカーデューはこの曲にかんして、差し当たってはそうした音響を想定しているのだ。

　また、一柳慧「ピアノ音楽第3」（1960）もまた極度に不確定な作品だが、一柳自身が楽譜に記した読みとり例は、全く異なる音高による七音からなり、不規則なリズム、強弱の突然の交替が、六〇年代の典型的な前衛音楽のイディオムを示している。

　こうした音響はこの時期の歴史的コンテクストであり、不確定的記譜法による楽譜を読みとるさいの暗黙の前提になっている。そのコンテクストは三度、六度を中心とした調性的な和声や、周期的なリズムを自然に排除するのである。

　先にも述べたように、不確定度の高い楽譜、とりわけ図形楽譜はどのようなかたちにでも読みとられる可能性がある（ABA、中華風、既成の旋律…）。しかし、実際にはそのようなことは滅多に起こらない。なぜかといえば、いわば演奏家が「厚い記述」を行なうなかで、楽譜の解釈を一定の範囲内に収めているからなのである。

四つの情報

　以上に見てきたように、実際のコミュニケーションにおいては、大きくは次の四つの情報を演奏者は受けとっていると考えてよい（図A）。このうち①と②は作曲家が意図的に伝達をはかっている情報であり、③と④は演奏者が自発的に「読みこんでいる」、あるいは作曲家が無意識のうちに伝達している情報である。

　すでに読者はお気づきだと思うのだが、伝統的な五線譜作品においても、この四つの情報は存在している。バッハ作品であれ、ベートーヴェン作品であれ、多くの奏者はこれらを参照しながら解

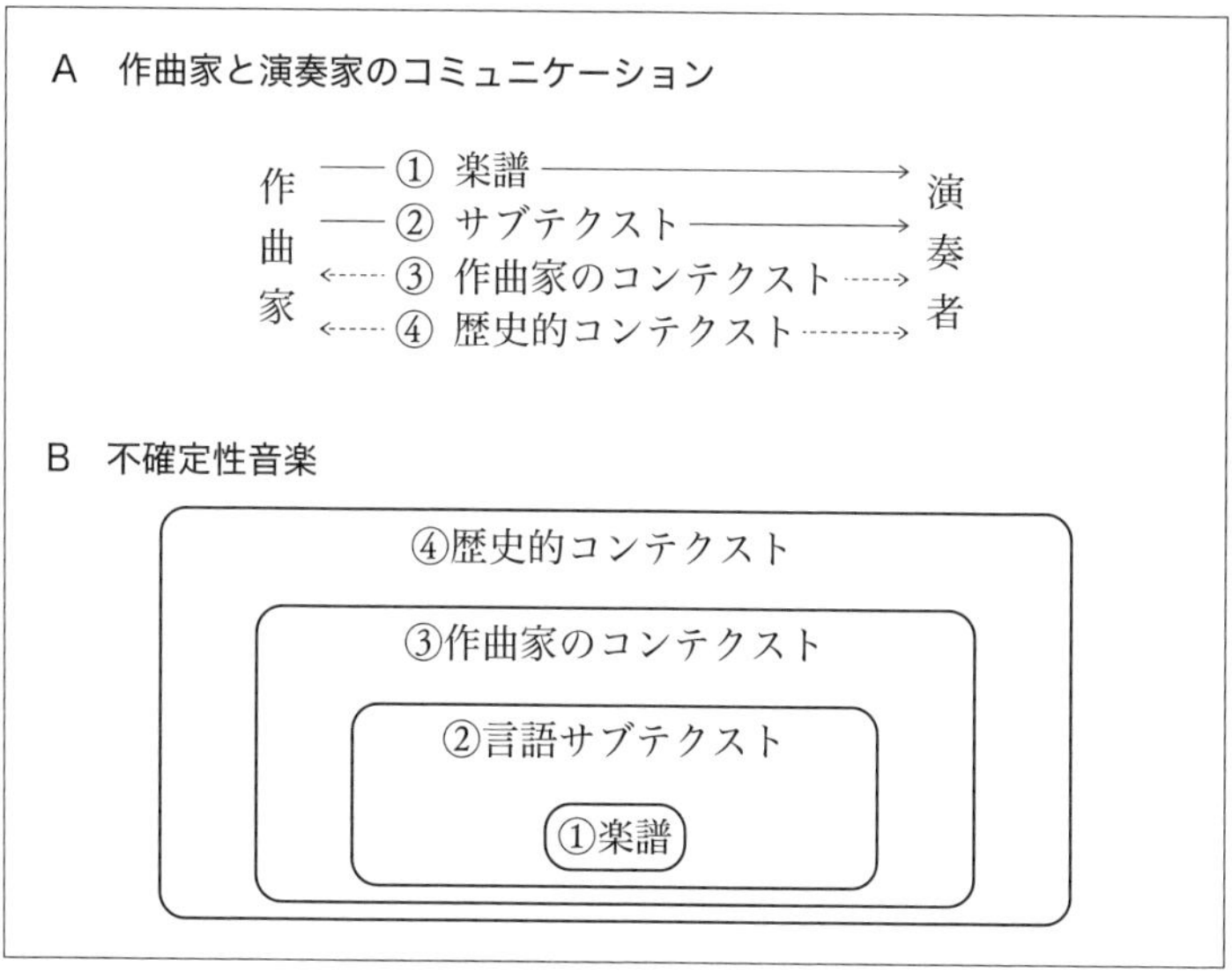

釈を行なっているはずだ。

しかし、不確定性音楽の大きな特徴は、楽譜外（②③④）の情報が、作品の音響化に決定的な影響を及ぼす点にある。なぜならば――トートロジーになってしまうが――不確定性音楽の楽譜は「不確定」だからだ。[13] 逆にいえば不確定性音楽は、この楽譜外の情報なしには「正しく」読みとることができない。

不確定性音楽は「楽譜（①）」のみに注目すると、きわめて多様な解釈の可能性を持っているように見える。しかし、これまで見てきたように、その多様性は楽譜の外観ほど自由ではない。というのも、現実的には図Bのように三種の情報に強く囲まれ、その読みとりに強いプレッシャーがかけられているからだ。

ケージのような図形楽譜であれば、音楽の

訓練を全く受けておらず、音響イメージを一切もっていない素人であっても「楽譜」を書くこと自体は十分に可能だ。しかし、その楽譜は④歴史的コンテクストには必然的に関与するとしても、②③のコンテクストがまったく欠如しているために、音響化することが著しく困難なのである。

図形楽譜による作品を数多く発表した作曲家ハウベンシュトック＝ラマティは、音楽においては、目、耳、作曲技術の連関が重要なのだと説きながら、あらゆるものは図形楽譜として読みとり得ると主張する。「私は、ミロやカンディンスキーの絵画を今日にいたっても〈演奏〉する人がいないことに個人的に驚いている。それはとても単純で易しいことであるのに」(Haubenstock-Ramati 1965:40)[14]。

しかし、実際には絵画の演奏は、単純でも易しくもないだろう。確かにそれらの外観は、図形楽譜と同じような様態を示しているけれども、ミロやカンディンスキーには楽譜外の情報がまったく存在しておらず（それはもともと「楽譜」ではないのだから！）、解釈を定位することがほとんど不可能なのである[15]。

不確定性は演奏者を自由にするか？

トータル・セリアリズムなどに代表される、複雑な作曲技法を用いた作品の楽譜には、音高・音価はもとより、きわめて微細な強弱やアーティキュレーションがこと細かに書きこまれている。こうした音楽が演奏者をたんなる「マシーン」へと貶める、窮屈で不自由なものである一方で、不確定性音楽は奏者を自由にする、と主張されることがある。この場合に思い描かれているのは、次のような対立ということになろう。

楽譜（①）の確定度 ←――反比例――→ 演奏者の自由度

しかし、本章での考察を基にするならば、これは偽の図式なのだ。不確定な楽譜を相手にする場合、演奏者は通常の五線記譜による作品の場合にもまして、さまざまな情報に自らアクセスしなければならない。もちろん語の定義にもよるのだが、これを「自由」とはとてもいえないだろう。場合によっては見えない情報にがんじがらめになっているのだから。
ゆえに、先の図式は正しくは次のように書き換えられねばならない。

楽譜（①）の確定度 ←――反比例――→ 楽譜外（②③④）の情報

楽譜が不確定になればなるほど、演奏者は②③④の情報に頼らざるを得ない。現代の日本には「空気を読む」という面白くも巧みな表現があるけれども、まさに不確定性音楽を扱う演奏家は全力で、その楽譜をとりまく「空気」を読まねばならない。部外者からはまるで手品のようにも見える図形楽譜の演奏は、水面下で必死に足を動かす白鳥さながらの、なんともけなげな努力に支えられているのだ。

これは古典派以前の音楽の演奏にさいしても、しばしばみられることだろう。テンポ、強弱、アーティキュレーションなどがほとんど示されていないバロック楽曲を扱う場合、演奏家は当時の理論書や他の同時代の作品などのネットワークを探りながら、②③④の情報を補完し、そこから①の楽譜を捉えねばならない。

不確定性音楽の楽譜は、最終的な音響結果を示していない。しかし、この楽譜は、作曲者と演奏者のコミュニケーションの形態を強力に規定しているのである。[16]

註

（1）スコア解説によれば、この楽譜はある種の立体空間をあらわしているという。すなわち、それぞれの短冊が相対的な強度やクラスターの厚みを示す可能性については記されているのだが、実際問題として、音高や音価をどう解釈すればよいのかは全くわからない。

（2）ただし、これを本当に「音響→聴取者」における偶然性といってよいのかは疑問なしとしない。レコード一枚ごとに「添付表」が違うのであれば、ひとりひとりの聴き手に微妙に異なった作品が提出されていると考えるべきではなかろうか。また庄野は、この作品のライブ演奏では、野外のような広い場所で極端に多くのスピーカーを用いて演奏するために（しかもそれぞれのスピーカーから異なる音が放出される）、聴取者がどの位置にいて、どのように動き回るかで作品の音響が異なるから「音響→聴取者」の段階における偶然性が混入すると説明する。しかしこれは――程度の差はあれ――通常のオーケストラ作品を、ホール最前列で聴くか、三階最後列で聴くかという差異の延長線上にあるのではなかろうか。

（3）沼野論文（1994）は、一九五〇年代から六〇年代にかけて書かれた不確定性音楽約二〇〇例を対象にして、それらのなかで四つの要素がどのように組み合わされているのか、一五種に分類したものである（四要素における確定・不確定の組み合わせは$2^4=16$だが、全てが確定的な場合はもはや不確定性音楽ではないので一五種になる）。

（4）音楽社会学者ティボール・クナイフは、音楽がコミュニケーションの媒体であることを証明するためには、「第一に物質的基盤が情報移動の媒介として使われるために存在していること、第二に、情報の内容が媒体ときちんと区別できること、そして第三に首尾一貫した情報の交感が行われていること」が必要だが、とりわけ前衛音楽はその条件を満たしておらず、通常のコミュニケーション形態とは異なると述べる（Kneif 1974:52-53）。

（5）ストイアノヴァはこの図式を基にしながらも、音楽における意味の算出を①形象／母胎―②言表／現象―③実体化の言表／プロセス―④個人的言表／翻訳という四段階に分けている（ストイアノヴァ 1976:69）。

(6) チューダーは、シュトックハウゼン「ピアノ曲XI」(1957)の初演も行なっている。
(7) 決して悪い意味ではなく、これは壮大な「ヤラセ」のようでもある。
(8) ジラール・ジュネットは、文学作品に関する作者のインタビューなどを、テクスト本体とは区別して、「エピテクスト」と呼んでいる(ジュネット 2001:15)。
(9) さらにシュトックハウゼンは自らが設立したCDレーベルから、ほとんどの作品を「シュトックハウゼン監修」で出版しており、当然ながらこの録音は強力な情報として機能する。また、CDに添えられた解説文も同様である。
(10) 彼はこの概念をギルバート・ライルから借りたという(ギアーツ 1987:8)。
(11) ただし、この曲の五線譜部分には音価・音高などに関してかなり不確定な部分が含まれている。
(12) 歴史的コンテクストのみならず、フランスかドイツか日本か、といった地域的コンテクストも存在する。ただしバロック期などとは異なり、現代音楽の場合には地域的コンテクストはそれほど強力ではないため、ここではあえて取りあげていない。
(13) 本章では、作曲者から演奏者へのコミュニケーションという点に話題を絞っているが、聴取者に対しても同様のことがいえる。同じ音響に対してAという作曲家の作品として聴くのと、Bという作曲家の作品として聴くのでは、コンテクストが異なるために評価が異なってくることが予想される。
(14) ただし彼は生涯のある時期から、図形楽譜ではなく、確定的な記譜に回帰した。こういう作曲は多い。
(15) もちろん、どんな図形であれ、無理やりに「演奏」することは可能だが、それはきわめて即興に近いものだというべきだろう。
(16) 本章は「音楽社会学」と銘打っていることもあり触れなかったが、図形楽譜とコンテクストの関係は、たとえばアーサー・ダントーの「アートワールド」論やジョージ・ディッキーの「制度理論」における芸術の定義とも重なるものだろう。

第 5 章

儀礼・軍楽・芸能

プロレスの入場テーマとは何か

【音楽民族学】

かつては非西洋音楽の研究を示す語だったが、現在では、音楽をたんに「自律した芸術」としてみなすのではなく、その人類学的・社会的コンテクストに照らしあわせながら考察する方法論を指す。その意味ではベートーヴェンも音楽民族学の対象になり得る。

二十代の頃、元世界チャンピオンの輪島功一さんが会長を務めるボクシングジムに一年半ほど通っていたことがある。なにもプロになろうというのではなく、ストレス解消と健康増進という程度の軽い気持ちである。

入会初日にバンテージの巻き方や独特のロープワーク（縄跳び）を覚え、翌週になると左ジャブから順に、ひとつずつ基本のパンチをレッスンしてもらった。意外だったのは、練習中に常にＢＧＭが大音量でかかっていたこと。今はもっと近代化されているはずだが、当時の輪島ジムではまだ、大型ラジカセにテープを入れて流すという方式だった。選曲はプロを目指して毎日通っているベテラン練習生のみの特権で（明文化されているわけではないが、そういう雰囲気なのだ）、当時流行していたユーロビート系のディスコ音楽が多かったのを覚えている。

練習生の多くが密かに楽しみにしていたのが、ときおりかかる映画「ロッキー」のテーマ曲である。子どもじみた話かもしれないが、あの、ビル・コンティ作曲の金管ファンファーレが流れだすや否や、ジムの狭い空間に突如として熱気が溢れだす。こちらも身体の底からアドレナリンが湧いてくるようで、三分間、必死でサンドバックに向かってしまうのだった。

一九九〇年、まだ設立されたばかりの日本ポピュラー音楽学会の会員になったさい、申し込み用紙の研究テーマの欄に、さしたる考えもなく「プロレスのテーマ音楽研究」と書いたのは、もちろんプロレスが好きだったこともあるが、当時、ジムに通っていたせいだろう。しかし、大学院での勉強が忙しくなると、プロレスからもジムからもポピュラー音楽学会からも離れてしまい、この研究は途中で放っておかれることになった。

本章は、このテーマにあらためてリベンジしようという試みである。実はずっと頭の片隅に引っかかっていたのだ。あの「ロッキーのテーマ」の興奮とはなんだったのか、音楽と身体はどのようにかかわっているのか、そしてプロレスの入場テーマ曲とは一体なんなのか……。

古代と現代における音楽と身体

古代ギリシャにおいては、男子は「音楽」と「体育」によって正しく教育されるべきと考えられていた。音楽が必須というのはやや意外に感じられるけれども、身体の鍛錬をはかる体育と、精神文化の鍛錬をはかる音楽は一対を成すというわけである(1)。

音楽と体育、すなわち音楽と身体について、最初に体系的な記述を残しているのは、おそらくプラトンである。彼は『国家』第三巻で、ミクソリディア旋法やヒポリディア旋法などは悲しみや嘆きに通ずるものであるから避けるべきとした上で、次のように語っている。

「さらにまた、酔っぱらうことや、柔弱であることや、怠惰であることは、国の守護者にとっては最もふさわしくないことだ」

「もちろんです」

「では、柔弱な調べや酒宴用の調べとしては、どんなのがあるかね？」

「イオニア調やリデュア調のある種類のものが『弛緩した』と呼ばれています」

「では、君、それらの調べを戦士たちのために使うことがあるだろうか？」

「いえ、全然」


（『国家』398B　藤沢令夫訳）

その一方で、ドリア旋法は「戦争をはじめすべての強制された仕事のうちにあって勇敢に働いている人、また運つたなくして負傷や死に直面し、あるいは他の何らかの災難におちいりながら、すべてそうした状況のうちで毅然としてまた確固として運命に立ち向かう人、そういう人の声の調子や語勢を適切に真似るような調べ」（『国家』399B）を構成するという。

たしかに旋法や調にはそれぞれ独特の気分があるから、戦士に適したものと適さないものがあるというのは分かる。ただし、現代のわれわれにとっては、旋法よりも、テンポやリズムといった音楽の時間的側面の方が、身体との連携においてはより重要ではなかろうか。戦士に適したリズムについて触れた部分は『国家』の中に見当たらないが、しかし遅いテンポや間延びした（あるいは不規則な）リズムが、闘う身体とフィットしないのは自明だろう。

考えてみれば「テンポ」と「リズム」は音楽用語であると同時に運動用語でもある。多くのスポーツにおいては、テンポがずるずると遅れてしまったり、リズムが乱れたりすることは、そのまま運動能力の低下を意味する。

話は古代ギリシャから一気に現代へと飛ぶが、二〇〇七年、アメリカの全米陸上競技連盟（USA Track & Field）は、すべての陸上競技の公式レースにおいて、iPodなどで音楽を聴きながら走ることを禁止した。これは基本的に、周囲の気配をとらえ損なって、他人と衝突する危険性ゆえであろう。しかし、運動中に音楽を聴くことが「ドーピング」のような印象を与えるという理由も少なからずある気がする。実際、この措置が発表された時にニューヨークタイムズは「ビヨンセが彼らの背中を押してくれるのだろうか？　他に頼れるひとがいないときには、ボン・ジョヴィに応援を求めるのだろうか？」と、音楽に頼るアスリートの姿をいくぶん揶揄気味に描いている（二〇〇七年一一月一日付）。

こうした現象はウォークマンが一九七九年に発売され、さらにはiPodをはじめとする超小型で軽量な音響システムが次々にあらわれたからこそ可能になったことである。音響メディアの発展はスポーツの在り方にまで影響を及ぼしているわけだ。

ロンドンのブルーネル大学の研究チームは、四〇〇メートル走において、「モチベーションがある」と走者が感じる音楽を聴きながら走った場合（左）、「邪魔だと感じる」音楽で走った場合（中央）、音楽なしの場合（右）を比較している（Karageorghis and Priest:2008）。次頁のグラフを見ていただければ分かるように、驚くべきことに、あきらかに音楽を聴いた場合の方がタイムは短くなっている（たとえ邪魔な音楽でさえも！）。

この論文ひとつで結論を出すわけにはいかないが、いずれにしても音楽に、時として身体能力を高める力があることに異論のある人は少ないだろう（お気づきのように、これは第2章のモーツァルト効果の場合とよく似ている。ただし、あちらが脳や認知の問題であったのにたいして、こちらはより直接的な身体のパフォーマンスの問題である）。

オリンピックの高跳び競技やフィギュアスケートでは、本番直前にヘッドフォンで音楽を聴いている選手の姿がしばしば見られる。おそらく彼らは、自分を鼓舞する音楽、言ってみればその人にとっての「ロッキーのテーマ」を聴いているということになろう。

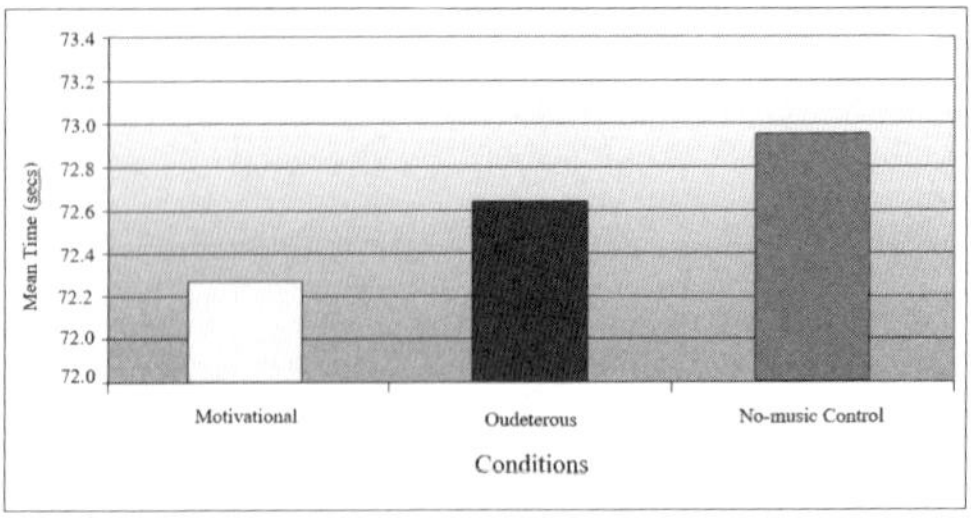

$F(2, 68) = 10.54, p < .001, \eta_p^2 = .24$

音楽が運動に与える影響（Karageorghis and Priest: 2008）

儀礼と音楽

さて、プロレスにおけるテーマ音楽とは、試合の最中ではなく、それぞれの試合の前の「入場儀式」において流れる音楽に他ならない。とするならば、われわれはまずもって、各種儀礼にかかわる音楽という側面から、このテーマ音楽について考察を加えるべきだろう。

古来、多くの国において格闘技は一種の神事であった。肉体と肉体のぶつかりあいは、野蛮かつ原始的であるがゆえに、そして「死」と隣りあわせであるがゆえに、一種の神性を帯びる。ホメロスの「イリアス」第二三歌では、ミケーネの戦士たちが、まさに死者を弔う葬祭において拳闘競技（その描写を読むかぎりでは、ボクシングのようでもレスリングのようでもある）を行なっているし、なによりわれわれは相撲の例で、格闘技と儀礼が不可分であることを知っている。(2)

格闘技にかかわる儀礼音楽としては、ムエタイ、すなわちタイ式キックボクシングの試合で演奏される「ワイクルー（ワイクー）」が有名だ。これは試合前、対戦する二人が共に鉢巻上のベルトを頭につけ、民族楽器ピー・チャワー（チャルメラに近いダブルリード楽器）と打楽器のアンサンブルによる音楽にのって、師や両親への感謝を示す踊りを披露するというもの。ワイクルーを通して「選手は自らの精神を闘いに向けて高揚させるとともに、体をウォーム・アップさせる」という（望月 2007:25）。

インド『ラーマーヤナ』のラーマ王子を始祖に持つというムエタイは、少なくとも数百年の歴史を持つ格闘技であり、高度に儀礼的な側面を持ちあわせていることは論をまたない。しかし、果たして現代のプロレスを「儀礼」といってしまってよいのだろうか。

人類学者ヴィクター・ターナーは、儀礼には三つの段階――「分離段階」「過渡段階」「統合段階」——があるとする。儀礼においてわれわれは日常世界から分離し、日常であらざる「過渡段階」へと進んで、最終的には新たな日常へ回帰するというわけだ。ターナーは儀礼の中核を成す「過渡段階」を「リミナリティ（境界性）」と呼び、そこではさまざまな秩序が分解・再編成されて、主宰者側と参加者がともにコムニタス（共感）を分かちあうのだと説明している（ターナー 1976:126）。

古代格闘技はこうした儀礼そのものだったかもしれないが、そこにショー的、演劇的な要素が加わった現代のプロレスは、当然ながら儀礼そのものとは微妙に異なるだろう。ターナーは、演劇をはじめとする近代社会におけるカーニバル的要素を「リミノイド（疑似境界領域）」と定義し、一種の人工的なリミナリティとして位置づけているが、プロレスもまさにこの枠組みにこそ納まるように思われる（ターナー 1978:90）[3]。

社会学者マイケル・ボールは、ターナーの図式を土台にしながらプロレスを「メディア構成型」のリミノイドと位置づけ、さらには「儀礼ドラマ」という新しい定義を与える。彼によればプロレスは「他の大衆文化と同様、観衆に意識的・無意識的な影響を与える儀礼ドラマ」であり、「儀礼ドラマとしてプロレスは、手段としての象徴、合成された象徴、ステレオタイプを駆使して」参加者にメッセージを送るという（ボール 1993:47）。なるほど、儀礼的な性格を持つドラマ、というのはプロレスを考えるさいに、もっともよく腑に落ちる説明だ。

そしてプロレスをリミノリティ／リミノイドという観点からみた時に、もうひとつ、面白い符号がある。文化人類学者の青木保によれば、リミナリティにおいては、二つの対照的な特性が認められるという。そのひとつは、神聖さや生の側、清らかなものであり、もう一つが汚れていておぞましい、死の象徴である。「否定と肯定の二重のシンボリズムの本質的特徴は『リミナリティ』にある人間が、生と死のいずれにも属さないことを示すと同時に、その両方に属すことも示すことである」（青木 2006［1984］:282）。

プロレスにおいては、生はベビーフェイス（クリーンに正々堂々と試合を行なう善玉レスラー）の側に、死はヒール（反則などを用いるダーティな悪役レスラー）の側にある。まさにこの両極のあいだで、プロレスというジャンルは呼吸を続けてきた。善と悪、生と死の極端な対比は、おそらく他の「スポーツ」には存在しないものだろう(4)。

そして、プロレスを儀礼ドラマであると捉えたうえで、テーマ音楽の起源をたどってゆくと、その発端がこれ以上ないほどに儀礼音楽的な性格を持っていることが明らかになるのである。

最初のプロレス入場音楽――ゴージャス・ジョージ

プロレスの歴史において最初に入場テーマを用いたのは、戦後間もない一九五〇年代にアメリカで大活躍したゴージャス・ジョージだと言われている（Cusson 2010, 斎藤 2005）。曲はエドワード・エルガーの「威風堂々第一番」。

ゴージャス・ジョージ
（1915-1963）

その入場シーンを確認してみると（今やYouTubeで見ること が可能だ）、使われているのはアレグロの主部ではなく、中間部の旋律であることが分かる。この中間部はエルガーの存命中にイギリス王室のアドバイスによって歌詞がつけられ（「希望と栄光の国」）、それ以来、第二の国歌とも呼ばれる優雅かつ壮麗な旋律にほかならない。現在でもさまざまな儀式で用いられる曲なのはご存知のとおり。

あきらかに彼は、このテーマ曲をひとつの儀礼音楽と捉えている。ただし、曲の選択には、おそらくもうひとつの理由があろう。実はゴージャス・ジョージは「貴族キャラクターのヒール」なのだ。彼はフリルのついたローブに大きな羽扇といういでたちで入場し、脇には正装した召使を従えている。さらに念の入ったことに、「試合まえには執事が香水入りの消毒スプレーでリング上をすみずみまで洗浄した。ご自慢の香水には、シャネルの一〇番（五番の二倍の効き目）という架空のブランド名がつけられていた」（斎藤 2005:55）。そして、試合がはじまってみれば、ジョージは一転して小狡く、こすっからい男に変身するのである。会場は途端に大ブーイング……なんともプロレス的な光景ではないか。

つまりこの曲は、ゴージャス・ジョージが粛々と登場する儀礼音楽であるとともに、「お高くとまったニセ貴族」のコノテーションとしても機能している。まさに、高貴な音楽こそが、彼のヒールとしての嫌味を増幅させるだろう（さらにいえばここに、アメリカ人がイギリスに持つイメージを重ね合わせることも可能かもしれない）。

ゴージャス・ジョージは、ヒール・レスラーとして、自分をどのようにアピールするのかについて意識的な、最初の「近代レスラー」のひとりだった。そして彼がテーマ曲という、現在にまで続く革新的なアイディアを得ることができたのは、その鋭敏な才能に加えて、テレビ黎明期という特殊な時代に生まれたからこそだろう。

彼と一緒にラジオ番組に出演した若き日のモハメド・アリは、次の試合について問われたジョージが「もしあいつが俺を負かしたとしたら、オレはリングをはいつくばって歩き、髪を切り落とすぜ。だが、そんなことはなりゃせん、俺様は世界一のレスラーだからだ！」と興奮して叫ぶのを聞いて、ひどく驚いている（柳澤 2009:170）[5]。まさに、プロレス独特のショウアップされたビッグマウスを、ジョージは早くも駆使していたわけだ（その後、アリはこれを真似ることになる）。

かくして「ニセ貴族」ゴージャス・ジョージとともに、プロレスのテーマ音楽は出発した。

ジーザス・クライスト・スーパースター

日本で最初のプロレス・テーマ音楽は、一九七四年九月一五日、国際プロレスにおける「スーパースター」ビリー・グラハムの使った「ジーザス・クライスト・スーパースター」（アンドリュー・

ロイド・ウェバー）であるというのが定説だ。

プロレス・ライターの小佐野景浩によれば、この演出は当時の国際プロレスのエース、マイティ井上が「ドイツ・ハノーバーのトーナメントに出場した時に選手それぞれにテーマ曲が付けられていたことを東京一二チャンネルのプロデューサーに話したのがきっかけ」だという（小佐野 2021）。ニックネームである「スーパースター」と、ミュージカルのタイトルの単純な語呂合わせともいえるが、曲はまさにイエス・キリストというスーパースターを描く音楽であり、先の「威風堂々」と同じく、一種の高貴なイメージが秘められていると考えられなくもない。

この時に好評を得たのだろう、その後、日本のプロレス界では徐々に、メインを張るようなスターレスラーにかんしては、入場時に音楽が流されるようになってゆく。日本のレスラーの最初期の例としては、ジャンボ鶴田が一九七五年から八〇年にかけて使っていた、フランスのグループ、バンザイによる「チャイニーズ・カンフー」（1974）を挙げることができよう。

空手着をまとった女の子たちがニコニコしながら拳を突き出しているレコード・ジャケット（写真参照）からも分かるように、この曲は安直なオリエンタリズムに溢れたディスコ・ソングであり、あきらかに闘い向きではない。つまり、先ほどの「スーパースター」ビリー・グラハムの場合と同じように、鶴田の場合も「カンフー」という語のイメージを使った、気楽な選曲と考えてよいはずだ（後年のイメージとは異なり、デビュー当時の鶴田は、軽やかな動きを得意とする細身のレスラーだった）[6]。

しかし、こうした、たんに儀礼の開始を告げるだけの呑気なテーマ曲は（一部のコミカルなレスラーを除けば）やがて姿を消してゆく。変わって登場するのは、プラトンがドリア旋法の中にみたような、戦士にふさわしい血沸き肉躍る闘いの音楽、いわば軍楽的なテーマ音楽である。とすれば我々は次に、「軍楽」という側面からテーマ音楽を検討せねばならない。

軍楽の系譜

軍楽といえば、まずはラッパの響きが思い浮かぶ。たとえば旧約聖書の「ヨシュア記」第六章。ここでは、エリコの町が「雄羊の角のラッパ七本」を携えたヨシュアの軍に滅ぼされる。「そこで民は呼ばわり、祭司たちはラッパを吹き鳴らした。民はラッパの音を聞くと同時に、みな大声をあげて呼ばわったので、石がきはくずれ落ちた。そこで民はみな、すぐに上って町にはいり、町を攻め取った。そして町にあるものは、男も、女も、若い者も、老いた者も、また牛、羊、ろばをも、ことごとくつるぎにかけて滅ぼした」（日本聖書協会訳）。

この凄絶なシーンの背景には常にラッパが鳴っている。その後、古代ローマや十字軍の時代にもさまざまな軍楽が用いられたことが記録に残っているが、やはりその編成の中心にあるのは金管楽器の響きだ（Montagu:et al. 2001）。

そしてもうひとつ、軍楽において重要な要素に打楽器のリズムがある。オスマントルコの軍楽隊メヘテルハーネは、独特の金属打楽器の響きによって西ヨーロッパの人々を恐れさせたが、その編成は想像を絶する大きさで「一七世紀には楽隊員は二〇〇人以上おり、スルタン、大臣、高官、将軍などがいろいろの規模の軍楽隊を持ち、スルタンのものは一二管編成として知られていた。演奏の一番重要な場は戦場であったが、通過する都市へ入場する時や、平和な時にも演奏した」（小泉、小柴 1987）。

もっとも、戦闘時に演奏するタイプの軍楽は、南アフリカのボーア戦争（1899–1902）あたりで途絶えてしまう（Montagu:et al. 2001:684）。確かに近代戦ではそんな悠長なことはしていられないだろう。

かくして軍楽隊は徐々に、実際の戦闘時における音楽ではなく、もっぱら軍隊を維持・管理するための式典や行進の音楽を担うようになった。その意味では、彼らの奏する軍楽は儀礼音楽に近づいてゆくわけだが、しかしそれでも多くの場合に元来の機能、すなわち人を奮いたたせる攻撃的な性格を保持している点において、これらはたんなる儀礼音楽とは一線を画している。

「炎のファイター」

軍楽という観点からテーマ曲を考えた時に筆頭にあがるのが、アントニオ猪木の「炎のファイター」だろう。およそプロレスに興味がないひとでも「猪木、ボンバイエ、猪木、ボンバイエ！」という掛け声の後、トランペット（すなわちラッパだ）が高らかにテーマを歌いあげるこの曲を耳にしたことがあるはずだ。

この曲を猪木が使うようになった経緯はきわめて興味深い。実は「炎のファイター」は、もともとはボクサー、モハメド・アリの自伝的映画「アリ・ザ・グレーテスト」（1977）で使用された、アフロ・ファンクバンドのマンドリルによる「アリ・ボンバイエ」という曲なのだ。(7)

この映画に先だつこと一年前の一九七六年六月二六日、猪木は「格闘技世界一決定戦」と銘打って、日本武道館でアリと闘った（子どもだった筆者も夢中でテレビにかじりついた）。アメリカ、韓国、西ドイツのテレビ局がリングサイドに中継ブースを設置したことからも分かるように、世界的な注目を集めた大イヴェントである（柳澤 2009:222）。結果は判定による両者引き分けに終わったが、その後「猪木のマネージャーだった新間寿がアリのマネージャー、ハーバード・モハメッドからこの曲の日本での販売許諾を取りつけて」、翌七七年八月から猪木のテーマとして使われるようになったという（堀江 2020a）。(8)

すなわちこの曲は、「八百長」や「見せ物」とは異なるリアル・ファイトとしてのプロレスという、アントニオ猪木がつねに標榜していた理念の象徴であり、ヘビー級世界チャンピオンと真剣勝負を行なった勲章としての機能を果たしているといってよいだろう。

「炎のファイター」は、まさに旧約聖書のラッパのように、潜在的に試合中にも鳴り響き、猪木と観衆を鼓舞するのである。(9)

ロックという軍楽

ドラムスという凶暴な打楽器、そして大音量のエレクトリック・ギターが暴れまわるロックは、そのまま軍楽と結びつく。

一九七九年から全日本プロレスに参戦した「超獣」ブルーザー・ブロディが八一年から用いたのはイギリスのバンド、レッド・ツェッペリンの「移民の歌」(1970)である。わずか二音によるシンプルなギターのリフが作りだす破壊的な空気は、鎖を振りまわしながら獣のように入場するブロディにいかにもふさわしい(ただし、全日本のリングで実際に用いられていたのはドラマーである石松元によるカバー・ヴァージョンであり、ゆえに原曲のボーカルの雄たけびは、ここではトランペットに代えられている)[10]。

また、早い時期から日本マットで活躍し、凶悪なヒールとして人気があったアブドーラ・ザ・ブッチャーが、全日本プロレス時代(一九七二―八一年)の後半、七七年から用いはじめたのが、やはりイギリスのプログレ・バンド、ピンク・フロイドの「吹けよ風、呼べよ嵐」(1971)である[11]。この曲の場合、風音が吹きすさぶ冒頭に続いてベースの単音が淡々と響くという構成が、ブッチャーというレスラーの持つ、呪術的なキャラクターをこれ以上なく強調していよう。

一方、ベビーフェイスの場合には、同じロックでもブリティッシュ・ロックの暗さではなく、からっと明るいアメリカ西海岸風の響きが好まれることになる。

もっとも分かりやすいのは、ハルク・ホーガンの例だろう。彼がアメリカのマット（WWF）で使っていたのがリック・デリンジャーの「リアル・アメリカン」である。[12] しばしばアメリカ国旗をあしらったバンダナやTシャツを着用し、時には国旗そのものをリングに持ちこんでいたホーガンは、まさにこの国のヒーローの象徴であり、「リアル・アメリカン」の明るく粋な曲調は、彼のベビーフェイスとしての存在を際だたせることになった。

ちなみにホーガンは、日本のマット（新日本プロレス）においては、八三年頃からトランペッター、メイナード・ファーガソンの「バトルスター・ギャラクティカのテーマ」を用いている。やはり軍楽の象徴であるトランペットが用いられているのにくわえて、注目すべきなのは、ファーガソンが「ロッキーのテーマ」のカヴァー曲でも知られていることだ。さらにホーガンはその後、サバ

ブルーザー・ブロディ（1946-1988）

アブドーラ・ザ・ブッチャー（1941-　）

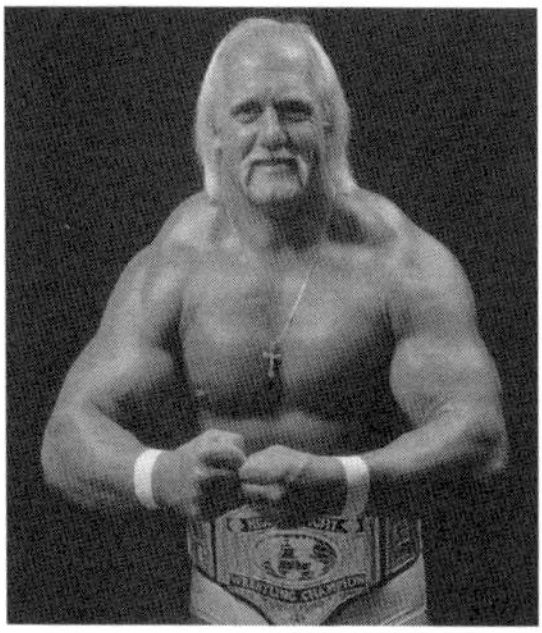
ハルク・ホーガン（1953-　）

イバーの「アイ・オブ・ザ・タイガー」を使うようになるが、これは映画「ロッキー3」のテーマ曲に他ならない。トランペットのファンファーレで始まる「ロッキーのテーマ」という存在は、プロレスにおける軍楽系テーマ音楽のひとつの底流になっているとみてよいだろう。[13]

数は少ないながらも、クラシック音楽による軍楽系テーマ曲もある。[14] 第一次UWF時代の藤原喜明が使い始めたワーグナー「ワルキューレの騎行」は、楽劇のなかでは戦場を天馬にのって駆けまわる乙女たちの音楽であり、つまりはもともと一種の軍楽だ。もっとも、おそらく藤原のテーマ曲としてこの楽曲が選ばれたのは、そうした出自ゆえではなく、フランシス・コッポラ監督「地獄の黙示録」（日本公開は一九八〇年）で用いられたからに違いない。[15]

ベトナム戦争を描いたこの映画では、キルゴア中佐率いるヘリコプター部隊が、「ワルキューレの騎行」をオープンリールのテープで流しながら、ベトナムの平和な村に残酷な機銃掃射を行なう（まさにヨシュア記においてエリコの村が壊滅させられる様子を思わせる場面だ）。当時の藤原は「テロリスト」というニックネームを持っていたから、その残酷なイメージにぴったりだと判断されたのではなかろうか。

軍楽的なテーマ曲は、この後も多くのレスラーのテーマ曲のベースとして機能することになるが、しかし初期の軍楽的なテーマ音楽がしばしば複数のレスラーに共通して使われたのにたいして（例えば「吹けよ風、呼べよ嵐」はブッチャーだけではなく、多くの悪役レスラーの入場の際に用いられているし、「移民の歌」もその後複数のレスラーが使用した）、レスラーと楽曲が一対一で結びつく傾向が強くなってゆく。

そうしたテーマ音楽は、ひとりひとりのレスラーのキャラクターや存在意義、そしてその場における布置を如実にあらわす、いわば「ライトモティーフ」に近いものといってよい。となれば我々は次に、儀礼音楽や軍楽によって彩られる格闘技としてだけではなく、プロレスをひとつの演劇的な芸能と捉えた上で、そのテーマ曲について考えていかねばならないだろう。

芸能としての側面

意外なことに、思想家・文芸評論家のロラン・バルトは、映画、ワイン、車、小説など、さまざまなジャンルにかんする考察が続く初期の代表作『神話作用』の冒頭に、「レッスルする世界」というプロレス論をおいている。

バルトはプロレスをスポーツではなく「見せ物（spectacle）」と明快に定義した上で、レスラーのすべての仕草を一種の記号と見なす。つまりベビーフェイスがヒールの反則攻撃にやられてひどく痛がっている時、それは本当に痛いというよりは「痛い」という記号を示している状態と考えるわけだ。だからレスラーの役割は、他の格闘技のように「勝つことにあるのではなく、彼に期待されている身振りを正確に果たすこと」なのである（バルト 1967:6）。

バルト流にいえば、プロレスというのは徹底したシニフィアンの集合であり（「レスラーは意味記号を順次に凝固する」）、さらにはそれをもっともよく体現しているのがヒールの存在ということになる。ヒールこそが、さまざまな形でルールを侵犯しながら、この見せ物を成立させている根本だとバルトは述べる。

この論考が最初に「エスプリ」誌に掲載されたのは一九五四年だから、バルトの観ていたプロレスは戦後間もないフランスのそれであり、おそらくは我々の知るプロレスとはスピード感、ダイナミズムなどの点で大きな違いがある。こうした点において、バルトの論はもはや古すぎるという批判もある。(16)

たしかにバルトが論じるような単純な善悪の図式では、もはや現代の複雑なドラマ性を湛えたプロレスは語れないだろうが、しかし根本に同様の構図が横たわっていることも、また事実だろう（複雑に発展した後期ロマン派のソナタの多くが、それでも一八世紀以来の「ソナタ形式」の系譜の中で理解できるように）。

こうした演劇的な「見せ物」としてのプロレスにおいては、テーマ音楽はライトモティーフのようにそのキャラクターを示すとともに、個々のレスラーを識別する、落語のお囃子のような機能をも果たすことになる。

「スカイ・ハイ」の衝撃

日本のプロレスのテーマ曲を、儀礼音楽や軍楽とははっきりと異なった位相に導くことになったのが、一九七七年二月から使われたミル・マスカラスの「スカイ・ハイ」である。

マスカラスは「千の顔を持つ男」の異名を持つメキシコの覆面レスラーであり、「ルチャ・リブレ」と呼ばれる、空中殺法を駆使した華麗なレスリングスタイルで一世を風靡した。ロープの反動を利用して大きく横っ跳びになり、十字に交叉させた両手で相手にチョップを叩きこむという華麗な「フライング・クロス・チョップ」を、当時の子どもならばみな真似したことがあるはずだ（原理的に、さして効果のない技ではあるが…）。

ミル・マスカラス

原曲はイギリスのロックバンド「ジグゾー」によるもので、一九七五年にビルボード三位を記録した。その歌詞は、彼女に振られた男が「君が（僕らの）すべてを空に投げてしまったんだ」とひたすら嘆くものであり、闘いにふさわしいものとは言えない。ゆえに、「スカイ・ハイ」という曲は、まずは単に「空中殺法」が得意という彼の特性から選ばれたものだろう。その意味では、先にみたビリー・グラハムやジャンボ鶴田の例のように、ちょっとした語呂合わせのようでもある。

しかし、この曲が決定的にそれまでと異なっているのは、そのロマンティックな曲調が、ミステリアスな哀愁を漂わせる孤高の覆面レスラーのイメージと、鮮やかにシンクロした点にある。

興味深いのは、この記念碑的なテーマ曲が、もともとは予告編のＢＧＭとして選ばれていたことだ。プロレス・ライターの堀江ガンツによれば、「この曲は当時、日本テレビ『全日本プロレス中継』のディレクターだった梅垣進が、マスカラス来日前の〝煽り映像〟のＢＧＭで流したところ、視聴者から『あれはなんという曲なのか？』という問い合わせが殺到。その反響を受けて、マスカラスの入場シーンでも流し始めた」というのである（堀江 2020）。

つまり、それまでの儀礼音楽や軍楽の系列とは明らかに異なるこのテーマ曲の性格は、もともとは「入場用」ではないという点から演繹されたものと考えてよいだろう[17]。

梅垣本人は「あの曲は中継で博多に出張した時にディスコでかかっていたんです。それがパッと頭に浮かんだんです。あそこからプロレスと音楽の融合が始まりましたね」と語っているが、この「融合」こそが、以後、「芸能音楽」としてのテーマ曲を洗練させてゆくことになる（小佐野 2001）[18]。

ちなみに、「芸能音楽」としてのテーマ曲の特異な例として、女子プロレスにおけるアイドル的なテーマ曲を挙げることも可能かもしれない。

一九七六年二月に結成されたビューティ・ペア（マキ上田・ジャッキー佐藤）は、同年の一一月に「かけめぐる青春」で歌手としてもデビューし、試合前には必ず、この曲を二人で歌うというセレモニーが設けられた。若い女性が、マットの上で汗を流し「駆け巡る青春」を送っているというイメージが、そのまま曲と二重写しになるわけだ。こうした女子プロレス独自の系譜は、のちの一九八四年に結成された、ライオネス飛鳥と長与千種のクラッシュギャルズ（楽曲は「炎の聖書」）に受けつがれてゆくことになる。

既成の曲の合成

芸能的なテーマ曲の用法は、八〇年代に入ると、既成の楽曲を勝手にツギハギにしてしまう手法によって、より進化してゆく。

もっともよく知られているのはテキサス出身の「不沈艦」スタン・ハンセンのテーマ曲だろう。彼は新日本プロレスに参戦していた頃（一九七七―八一年）はガトー・バルビエリの「ファイア・パワーのテーマ」など、典型的な軍楽系テーマ曲を使っていたが、一九八一年、全日本に移籍してからは、日本のバンド、スペクトラムの「サンライズ」を基盤にした奇抜な合成曲を使うようになる。

テンガロンハット、皮のベスト、手にブルロープ（牛を追いやるムチ状のロープ）というカウボーイスタイルで入場する彼に合わせて、ここでは「君に夢中」（ケニー・ロジャース）→「馬の鳴き声」→「ムチの音」→「モーション」（スペクトラム）が断片的に流され、その後にようやく「サンライズ」が登場する。つまり「バンジョーから始まる西部劇風の音楽（君に夢中）」のあとに「カウボーイの効果音」が続き、「勇ましいイントロ（モーション）」を備えて「トランペットの入ったラテン調の音楽（サンライズ）」が始まるわけだ。

こうした合成が行なわれたのは、軍楽系の楽曲である「サンライズ」単体では、彼のキャラクターをあらわすのには十分でなかったからに違いない。ハンセンは、ブロディと組んでヒールの役割も演じたものの、しかし悪辣な反則を犯すことは少なく、むしろベビーフェイス的な人気も保持したレスラーである。ゆえに音楽にもカウボーイ的な陽気さが加えられたとみてよい。

こうしたツギハギによるテーマ曲の手法を開発したのは、当時の全日本プロレスで音楽効果を担当していた小川彦一だった（別冊宝島 2004:64）。小川はプロデューサーの桜井純一とともに合成テーマ曲を次々に手がけてゆくが、ハンセンのテーマ曲に次ぐ傑作は、八三年にアメリカから凱旋帰国したヒール、ザ・グレートカブキの例である。

カブキは顔に歌舞伎風のペインティングを行ない、ヌンチャクを振りまわして毒霧を噴くなど、怪奇ヒールとしてアメリカで大人気を博したレスラーだが、そのテーマ音楽を選ぶにあたって小川は、軍楽系テーマ曲である木森敏之「ヤンキー・ステーション」の前に歌舞伎囃子を挿入し（さらには曲中でもしばしばこの囃子が挿入される）、ロックの勢いとジャポニスムを融合させるという手段を用いた。

ハンセンの場合もカブキの場合にも、その表象（テキサスのカウボーイ、歌舞伎）は直線的ではっきりしているから、軍楽の力動性をベースにしながら、そこに広義の「効果音」を加えて、芸能化をはかったということになろう(19)。

フィニッシュ・ホールドを冠したオリジナル曲

各レスラーのキャラクターを繊細に反映する芸能音楽系のテーマ曲は、徐々にオリジナル曲へと近づいてゆく。その草分けといえるのが、闘志あふれるファイティングスタイルでブッチャーらの極悪レスラーと対戦し、外国人でありながらも、日本のマットでベビーフェイスとして絶大な人気を博した兄弟コンビ、ザ・ファンクス（ドリー・ファンクJr.、テリー・ファンク）である。

彼らのテーマ曲は、クリエイションの「スピニング・トーホールド」だが、この曲のタイトルは、ザ・ファンクスの決め技から採られている（もともとは、彼らの父親であるレスラー、ドリー・ファンク・シニアが開発した技）。

プロレス・ライターの小佐野景浩は、この曲が使われた経緯を次のように述べる。「初の選手オリジナル曲はドリー＆テリーのザ・ファンクスの『スピニング・トーホールド』です。この曲は日本のロックバンド、クリエイションのリーダーでプロレスの大ファンだった竹田和夫がファンクスに捧げた曲。七七年暮れの『世界オープン・タッグ選手権』から使用されましたが、特に一二月一五日に蔵前国技館でアブドーラ・ザ・ブッチャー＆ザ・シークを撃破して優勝した時に流れたシーンは、多くのオールドファンの記憶に残っていると思い

「スピニング・トーホールド」ギターリフ

ます」（小佐野 2021）。

スピニング・トーホールドは、マットに寝ている相手の足首を持って、自らの身体をくるくる回しながらテコの原理で相手の脚を痛めつける技だが、なにより注目されるのは、技の外観と同じように、曲もくるくると眩暈のような回転運動を続けるフレーズで構成されていることだ（前頁譜例参照）。加えてツイン・ギターによる演奏はまさに「兄弟」の象徴に他ならず、世界的に見ても秀逸なテーマ曲といってよい[20]。

一九七八年から新日本プロレスで藤波辰爾が使った「ドラゴン・スープレックス」も、技の名前が付いたオリジナル曲のひとつ（それ以前の藤波は「スターウォーズのテーマ」などを使用していた）。イギリスで活躍していたギタリストの加藤ヒロシが作曲し、藤波に献呈した曲だが、使用時期や作曲の経緯、そしてフュージョン系ロックといった共通点を考えると、これは「スピニング・トーホールド」の影響と考えてよいだろう。ただしこの場合、技と音楽がシンクロしているわけではない。

ちなみに、第一次UWFの前田日明が一九八四年から使用していた「キャプチュード」も、彼の決め技と同名だが、これはザ・ファンクスの場合とは逆に、イギリスのプログレ・バンドであるキャメルの同名曲（1981）から、前田側が技の名を採ったというケース。相手のキックを捕獲し、身体を反らして投げるという技の形態、そしてシンセサイザーを使ったダイナミックな曲調が選択の理由ということになろう[21]。

特権としてのテーマ曲

選手のキャラクターを示すという意味で、多くのテーマ曲は一種の「象徴」ではある。しかし、さらに高次の象徴としてテーマ曲が使われる、特殊なケースも存在する。

全日本プロレスのジャイアント馬場が一九八四年まで用いていた「スポーツ行進曲」（1953）は、もともと日本テレビの開局時に、同局の委嘱によって黛敏郎が作曲し、その後、巨人戦中継などを含むスポーツ番組のテーマ曲として広く使用されていた音楽である。「タラッタ・ラッタラッタ・ラッタラッタ・タッター」というメロディは、聴けば誰もが知っているはずだ。

この曲を「個人の入場テーマ曲」として使用するということは、日本テレビとジャイアント馬場（全日本プロレスの社長でもある）というスタープレスラーの深いつながりを示すと同時に、馬場がプロレスというスポーツの王者であることを示すものといえよう。きわめて特権的なテーマ曲なのだ[22]。そして実際、大相撲の横綱であった輪島が全日本プロレスでレスラー・デビューした際に、馬場はこのテーマを彼に使わせて、次代の中心を担う存在であることを世に示したのだった（もっとも、輪島は十分に期待に応えることができず、約二年半で引退することになった[23]）。

ただし、馬場は一九八四年からは、ブラス・ロックによるオリジナル曲「王者の魂」（実川俊・TEmPA）を使い始める。この変更は、急速に過激化するプロレス界のなかで「スポーツ行進曲」があまりに牧歌的に響いたせいもあろうが、まさにこの時期から、多くのレスラーはオリジナル楽曲へと向かってゆくのである。

オリジナル化への移行と「アニソン」化

高中正義「サンダーストーム」(1981)を長く用いた天龍源一郎などの例もあるとはいえ、八〇年代に入ると、多くのスターレスラーは、オーダーメイドのテーマ曲を作りはじめた[24]。ジャイアント馬場に先立って、一九八〇年にはジャンボ鶴田がオリジナル曲「ローリング・ドリーマー」(川口真)を作っているが、これはアレンジも含めて、明らかに「スカイ・ハイ」の線を狙った曲だ。さらに鶴田は一九八四年からは「J」(鈴木宏昌)を採用する。これはトランペットを主軸にした「ロッキー系」のテーマ曲であり、その後長く使われることになった。

平沢進の作曲による、長州力「パワーホール」(1980)も、比較的早い時期のオリジナル曲だろう[25]。平沢はもともとテクノバンドP-MODELのメンバーだったが、テーマ曲を依頼されたときにプロレスや長州についての興味は特になく、当時流行したテクノ調の音楽をそのまま提出することになった[26]。しかし、硬派のレスラーとテクノの組み合わせが斬新だったこともあって、この曲は人口に膾炙するヒット作となったのだった。

八〇年代後半になるとオリジナル曲はさらに多くなってゆくが、その中で特筆すべきはプロレスのテーマ曲専門作曲家の登場だ[27]。

鈴木修は、八〇年代末にテレビ朝日の音響効果を担当していたが、八八年の藤波辰巳「RISING」を皮切りにして、九〇年代初頭には橋本真也「爆勝宣言」、武藤敬司「HOLD OUT」、蝶野正洋「FANTASTIC CITY」など当時の若手スターのオリジナル曲を次々に手掛けて、一躍人気作曲家になった(28)。この場合、壮大な橋本曲、パワフルな武藤曲、華麗な蝶野曲といった具合に、レスラーに合わせて細かく変化がつけられているわけだ。彼は二〇〇三年の時点で六〇曲以上を手がけたと述懐しているから、相当のペースであることが分かる（別冊宝島 2003:61）。

ゴールデンタイムのテレビ中継は全日本、新日本ともに八八年に終了していたが、それと入れ替わるようにしてドーム大会など会場の大規模化、プロレスのイヴェント化が進み、九〇年代には新人レスラーまで含めて、ほぼ全員に何らかのテーマ曲が与えられるようになる。また、試合の決着がついた際、勝者のテーマが流れる形が一般化したために、それぞれのキャラクターを明確に造形するオリジナル曲は以前にもまして必須となっていった。九〇年代初頭はテーマ曲の「芸能化」の完成期といってよいだろう。

この時期になると、以前はレスラー個人の好みでは簡単に決められず、お仕着せにちかい形であったテーマ曲は、各自が完全なオーダーメイドで作曲家に好みを注文するかたちへと変わってゆく。テーマ音楽作曲家の鈴木修は、橋本真也から「とにかく『カッコいい、猪木ボンバイエを超えられるやつを作ってくれ』」と言われたと語っているが（堀江 2020a）、やがてこうした注文はより詳細なものとなっていった。たとえばプロレスリング・ノアの秋山準は自分のテーマ曲「STERN-

NESS」（中島優貴）について「こういう感じでスタートして、このあたりで入場したいんで、こういう感じにしてもらって……と、かなり細かく自分の意見を伝えましたね。〔中略〕前の曲のテンポがゆっくりだったんで、もうちょっとテンポを速めてもらって、自分がノリやすくなるように、という点もお願いしました」と述べている（別冊宝島 2004:20）。また、二〇一〇年代に新日本プロレスのエースとなった棚橋弘至の場合、自分の楽曲「High Energy」について、曲調を細かく注文するのみならず、タイトルについても自分で決定したという（堀江 2020b:52）。

ただし逆説的にも、オーダーメイド楽曲を手がける専業作曲家の登場によって、むしろ全体に似たような曲が増えた印象は否めない。いわゆる「アニソン（アニメソング）」の多くが様式的な共通点を持っているように、プロレスのテーマ曲、とりわけベビーフェイスの楽曲は、徐々に一定の様式を備えた「楽曲ジャンル」として確立しつつあるようにも思われる(29)。

また、頻繁に楽曲を変更するレスラーが多くなり、テーマ曲のファッション化・アクセサリ化が進行していることも九〇年代以降の特徴だろう。一定の期間が過ぎると、あるいはレスラーとしてのポジションに微妙な変化が生じると、衣服を変えるようにして楽曲が変わるわけである。

儀礼・軍楽・芸能

本章最初の問いに戻ろう。いったい、プロレスのテーマ音楽とは何なのか。

まず、われわれはそれを儀礼に伴う音楽として観察した。プロレスは儀礼ドラマであり、入場のテーマ音楽は、プロレスという儀礼の開始を告げる、儀式的・宗教的な音楽ということができる。しかし一方で、プロレスが闘いである限り、テーマ音楽は人を鼓舞する軍楽であり、勇壮な行進曲でもあった。さらにプロレスがひとつの演劇的なショーの側面を持つことを考えた時に、その音楽はライトモティーフを駆使したオペラのような、象徴的な芸能音楽としての性格を持つことになった。

すべてのプロレスのテーマ音楽は、儀礼・軍楽・芸能という三つの要素を孕みながらも、そのバランスの違いによって千変万化の様態をみせる。今やこの音楽は、音楽自体が備えるさまざまな機能を余すところなく使い尽くそうとする、実に貪欲で、高度な営みの様相を呈していると言わねばならない。

そしてこの流れは、次第に他のスポーツへと拡散しはじめている。ボクシングをはじめとする格闘技系は今やビッグ・マッチでは例外なくテーマ曲を用いているし、野球やサッカーにおいても、イヴェント化に伴って入場時に選手それぞれの音楽が流すことが一般的になってきた。今後さらに多くのスポーツへと広がってゆくことは間違いないだろう。

しかし、われわれは忘れてはならない。その源流にあるのは紛れもなく、「プロレスのテーマ音楽」という、なんともユニークな存在なのである。(30)

註

（1）この場合の「音楽」が多義的であることは論をまたない。プラトン哲学における実践としての音楽、数学としての音楽、哲学としての音楽の関連については、工藤（2016）を参照のこと。
（2）相撲の呼び出しが持つ一種の音楽性は、プロレスのテーマ音楽のはるかな祖先といえるかもしれない。
（3）この区別にはやや不明瞭な部分がある。日常からの分離と統合があり、過渡段階もそれに伴って十分な形で存在しているのであれば、スポーツをリミナリティとして捉えることも不可能ではないだろう。実際、シャロン・ローは、その論文「近代のスポーツ：リミナルな儀礼かリミノイドなレジャーか？」の中で、スポーツはリミノイドではなく、リミナリティそのものだと説いている（Rowe 1998）。
（4）民俗学者の亀井好恵は、プロレスが儀礼的行為であるのは、プロレスとそれを観る側の関係に、アーヴィング・ゴッフマンのいう「表敬」と「適切な挙措」のやりとりがあるからだと述べている（亀井 2000:199）。
（5）ゴージャス・ジョージの生涯最後の試合は、ザ・デストロヤーと、お互いの覆面と髪をかけての一騎打ちだったが、ジョージが敗北し丸坊主になった（斎藤 2005:55）。
（6）小佐野によれば、当時ジャンボと梅垣は親密な関係を結んでいたというから、鶴田自身がこの曲を好きだったのかもしれない（小佐野 2021）。

（7）柳澤健によれば、本来はこの「ボンバイエ」は「ブマイエ」（コンゴのリンガラ語で「やっちまえ！」の意）と発音されるべきであり、猪木のテーマとして用いられた時に「ボンバイエ」という意味不明の語に変化したという（柳澤 2009:259）。確かにマンドリルの原曲を聴くと「アリ、ブマイエ」と発音しているように聴こえるが、原曲でもタイトルの綴りは「BOM-BA-YE」なので、ボンバイエという発音にも一定の正当性はあろう。

（8）小佐野も以下のように述べている。「新日本プロレスで最初にテーマ曲を使用したのは、もちろんアントニオ猪木です。七六年六月二六日に日本武道館で猪木と格闘技世界一決定戦を戦ったプロボクシング世界ヘビー級王者モハメド・アリが自身の伝記映画『アリ・ザ・グレーテスト』のメイン・テーマで、ラテン・ファンク系バンドのマンドリルが演奏する『アリ・ボンバイエ』を猪木にプレゼント。七七年夏から猪木のテーマ曲として使われるようになりました」（小佐野 2021）。

（9）プロレス・ファンには有名なことだが、このシングル盤レコードのB面には倍賞美津子（当時の猪木夫人）の歌う「いつも一緒に」が収められている。これは「炎のファイター」をメロウに編曲し、「いーつもー、一緒なの、愛があるから」と歌詞を付けた、かなりの珍品。

（10）ただし、その後、ベートーヴェンの「運命」とレッド・ツェペリンの原曲を合成したものを用いるようになった。註（19）参照。

（11）全日本プロレスでは、タイガー・ジェット・シンの入場などにも使用された。

（12）この曲は、もともとはバリー・ウインダムとマイク・ロトンドのタッグチームのために書かれたが、のちにホーガンのテーマ曲となった。また、クリーンなイメージもあってか、のちにヒラリー・クリントンが大統領選で用いている。

(13) この系譜のテーマ曲としては、ビル・ロビンソンが用いたカール・ダグラスの「ブルー・アイド・ソウル」(七七年から使用)がある。また、のちにマサ斎藤が用いていた「ザ・ファイト」は、スタローン主演のアーム・レスリング映画「オーバー・ザ・トップ」の音楽であり、「ロッキー繋がり」の楽曲のひとつといえる。

(14) 藤原以外の目立った例としては、八五年から後藤達俊、ヒロ斉藤、保永昇男によるヒールユニットに使われた、ムソルグスキー「はげ山の一夜」がある(ボブ・ジェームスによるアレンジ版)。

(15) 昭和プロレステーマ研究家のコブラによれば、一九八〇年三月三一日の後楽園ホール大会で行われた国際プロレスによる四大タイトルマッチの入場式で、すでにこの曲が流れているという。また彼はやはり『地獄の黙示録』という映画がヒットしたことによって選曲されたと思われます」とも述べている(コブラ、ジャスト日本 2021)。

(16) たとえば村松友視は、プロレス論として大ヒットを記録した『私、プロレスの味方です　金曜午後八時の論理』において「ロラン・バルトよさようなら」という一節を設け、バルトのプロレスの見方があまりにシンプル過ぎると批判している(村松 1980)。

(17) 「スカイ・ハイ」は、マスカラスのテーマ曲として使われたことで日本では広く人気を得て、ビルボードに二年遅れた一九七七年には、オリコンのシングルチャートで最高二位を記録した。

(18) 柴田惣一は、「あれは会心の一発だった。テレビ朝日の新日本プロレスに負けたくなくて、いろいろと考えた策の一つだった。上司の中には反対する人もいたよ」と、梅垣が当時を振り返っていたと述べている(柴田 2021)。ブッチャーのテーマとして「吹けよ風、呼べよ嵐」を選んだのも梅垣だった。

(19) ブロディは、一九八五年に全日本プロレスから新日本プロレスに移籍した際、「移民の歌」の前にベートーヴェン「運命」冒頭を接続した。全日本時代と差異化をはかるためでもあろうが、ハンセンやカブキの鮮やかな「合成」があってこそ起こったことだろう。
(20) 実際、この兄弟はタッグ戦のクライマックスではしばしば、二人同時にマットの上で悪役相手にスピニング・トーホールドをかけた。
(21) ちなみに、この曲が収録されているアルバム「ヌードの物語　Mr.O の帰還」は、終戦後も二九年間にわたってフィリピンに潜伏していた小野田寛郎を題材にしたもの。
(22) 類似例としては、第二次UWFにおいて、山崎一夫が「UWFのメインテーマ」を用いていたことが挙げられるが、これはもともと山崎のための楽曲が団体のテーマに転用されたため。また、UWF解散後も田村潔司、垣原賢人などがこの曲を入場時に用いているが、これはいわば「UWF出身」を示すものであり、馬場のケースとは異なる。一方、ザ・グレート・サスケが、自身が設立した地方プロレス団体「みちのくプロレス」のテーマ曲を使った例は、スケールは小さいものの馬場に近い用法といえるだろうか。
(23) ちなみに、アントニオ猪木も引退後に「炎のファイター」を弟子の藤田和之に譲っている。ただ、もとのイメージが強すぎて定着するに至らなかった。
(24) ただし、「サンダーストーム」の場合も厳密には原曲そのままではなく、小川彦一によって、冒頭の爆音が派手なものに変更されている（別冊宝島 2004:66）。
(25) 発表時の作曲者名義は「異母犯抄」。ちなみに平沢は、著作権買取で依頼を受けたために、この曲が大流行したにも関わらず印税を得ていないという（二〇一〇年二月一九日付、平沢ツイッター）。
(26) テクノ調の曲想ということでいえば、同時期に全日本プロレスに参戦していたリッキー・スティムボードがYMOの「ライディーン」を用いた例がある。
(27) 一九八九年には、プロレステーマ曲専門のレコード会社「ウッド・ベル」が設立されている（ただし、設立当初はイベント会社）。

(28) その後の人気作曲家には、主に新日本プロレスの楽曲を手がける北村陽之介がいる。

(29) その意味において、ベビーフェイスよりも、ヒールやコミカルなキャラクターのレスラーの音楽の方が自由度が高く、興味をそそられるものが多い。たとえばAV男優キャラクターで人気を博したマグナムTOKYO（黒木克昌）は、一九九九年から、ディスコ「ジュリアナ東京」（九四年に閉店）の象徴ともいえるジョン・ロビンソンの「TOKYO GO」をテーマ曲にして、入場時から怪しげなダンスを披露するのが常だった。

(30) ただし、同じ格闘技であっても、ボクシング選手のテーマ曲はヒップホップ系の楽曲が多い印象がある一方で、現在のプロレスは既述したようにアニソン的な色彩が強い。ここら辺は、そのままジャンルの性格をあらわしていよう。

第 6 章

言語による音楽創造

音楽作品のタイトルとは？

【音楽美学】

感性の学としての美学にならって、音楽という対象を広義の哲学的な視点からあきらかにしようとする部門。音楽のみならず、音楽をめぐる諸概念を根本から精査する点において大きな重要性を持っている。

中学生の頃、はじめて友人とロックバンドを組んだ。最初の難関は、バンド名を決めることである。

ハードロックのバンドであるからには英語の名前でなくてはならない、というのが当時のわれわれの常識であり、リード・ギターのナカノ君の家で英和辞典をパラパラとめくって、カッコいい語がないか皆で探すことになった。探索の結果として浮かびあがってきたのが「Liger」という単語。ライオンの雄とトラの雌から生まれた雑種とのことで、強そうだし語感もいい。もっとも、ライガーだけでは足りないので、頭に「ワイルド」を付けて、めでたく「ワイルド・ライガー」というバンド名が決定した。

ところが、およそ一年後。記念すべき初ライブに来てくれた友人がぼそっと「なんだか野球チームの名前みたいだな」とつぶやくのを耳にしてしまった。確かに……。言われてみればリトルリーグのチーム名のようではないか。結局、このライブを機にして、「ワイルド・ライガー」というバンド名は捨てさられることになったのだった。

たわいないエピソードではあるものの、いま考えてみると、少年たちの命名には、広く一般化できる三つの根拠が指摘できる。それはオーセンティシティ authenticity・リプレゼンテーション representation・オリジナリティ originality という言語であらわすことができよう。

まず、英米で生まれたロックをやるのだから、バンド名は日本語でなく英語でなくてはいけない。そうでなければオーセンティック（＝正当）ではない、とわれわれは考えた。そしてハードロックであるから、猛獣のように「強い・激しい」という性格がリプレゼント（＝表象）されていなければならないし、さらに他に類似したグループがいないオリジナル（＝独自）な名であることは当然の条件だ（当時、まだ「獣神ライガー」というアニメ、およびそこから派生したプロレスラーは存在しなかった）。

おそらくこの三つの条件は、さまざまな命名に共通するものだろう。

子どもの命名、ペットの命名、さらにはさまざまなグループ名や会社名を付けるときに、我々はそれがオーセンティックで、リプレゼンタティヴで、オリジナルであることを求める。これは音楽作品でも変わらないはずだ。

本章では、日本の現代音楽作品のタイトルについて考察をくわえてみたい。それは一体、どのような傾向を持ち、どのようなメカニズムを持っているのだろうか。まずはタイトル一般について少しばかり整理してから、本題へと入っていこう。

タイトルの変貌

「タイトル」という語は、古代アレクサンドリアの図書館における札（titulus ティトゥルス）に由来するという。所蔵された膨大な巻物の内容を識別するためのメモというわけである。この時点でのタイトルは、著者自身が内容を勘案して決定するようなものではなく、館員によって付された一種の記号にすぎない（ただし、無味乾燥な記号というよりはインチピット、すなわち書物の書きだしがタイトル替わりになった）。

しかし、文学作品に近代的な意味でのタイトルが付されるようになるのは――さまざまな例外はあれ――はるかに時代をくだって、一六世紀における印刷の登場を待たねばならない。作品が商品として広く流通するようになると、何らかのかたちで、精密かつわかりやすい識別指標が必要になってくるわけだ。

やがて、タイトルは識別という機能を越えて、作品を構成するひとつの要素としてふるまいはじめる。佐々木健一は次のように述べている。

タイトルに独特の表現機能を求める意識は、おおよそ近代の所産のように思われる。ここで「独特の表現機能」というのは〔中略〕、単に同定や識別のための標識という以上のメッセージ性を、言い換えれば作品の見方や理解を左右するような意味付与をタイトルに対して求めることを指している。このようにメッセージ性を認めることは、タイトルづけの資格を厳しく作者に限定することを伴っている。

（佐々木 2001:120–121）

ここで重要なのは、たんなる識別指標を越えて、タイトルが一種の「意味付与」を行なう場合、命名は作者の権利になるということだ。古代のティトゥルスが図書館員による識別記号であったのにたいして、近代的なタイトルは作者による創作の一部分といってよい。

秀逸なタイトル論を著わしたミシェル・ビュトールは次のようにいう。

いかなる文学作品もふたつのテクストの結合からできているとみなすことができる。つまり本文（エッセーなり、小説なり、戯曲なり、ソネットなり）と、その標題、この二つがそれぞれ極となって、そのあいだに意味の電流が流れるのだが、一方のテクストは短く、一方のテクストは長い。

（ビュトール 1975:19–20）

二つのテクストのあいだに「意味の電流が流れる」というのは面白い表現だが、まさに近代的なタイトルは、テクストに一種の緊張関係を持ちこむことになった。タイトルはテクストを説明したり、敷衍したり、補完したり、時には裏切ったりする役割を果たすのである。

一方、おなじくフランスの文芸批評家ジラール・ジュネットは、テクストの周縁に位置し、しかし外部ではないタイトルのような存在を「パラテクスト」と呼んだ(1)。このパラテクストは、たんなる「付属品」ではなく、テクスト本体とさまざまな関係を結ぶなかで、時として作品自体を変容させる契機を孕む存在でもある。作者名、タイトル、献辞、エピグラフ、序文、注、挿絵……これらすべてがパラテクストであるのだが、当然ながら、この中でもタイトルはもっとも重要な要素に属するものといってよいだろう(2)。

ちなみに、なにがタイトルなのか、という定義は時として意外に困難だ。

ジュネットは『スイユ』における考察の中で、どこまでがタイトルでどこからがサブタイトルなのかをめぐる論争を紹介している。ヴォルテールの小説『ザディグあるいは運命、オリエントの物語』に対して、レオ・エックは、メインタイトルを「ザディグあるいは運命」そして、サブタイトルを「オリエントの物語」と解釈した。しかし、クロード・デュシュは、「ザディグ」がメインタイトル、そして前置詞を含んだ「あるいは運命」を第二タイトル、そして「オリエントの物語」がサブタイトルだと主張したという。ちなみにジュネット自身が提案するのは、タイトル「ザディグ」、サブタイトル「あるいは運命」、そしてジャンル指示「オリエントの物語」という分類である。主タイトル、それを補足する語句、そしてカテゴリーというわけだ(ジュネット 2001:70–71)。

こうした区分はどうでもいいことのようにも見えるが、しかしここにあるのは作品本体を取りまくタイトル層が、どのように構成されているかを分析するまなざしに他ならない。実際、これは音楽作品のタイトルにおいてしばしば問題になることでもある。たとえば古典派交響曲の出版譜の表紙に記されている、「作者名、ジャンル名、調、作品番号、被献呈者」などは、どこまでがタイトルといえるのだろうか。

タイトルの四つの機能

タイトルの機能を考えるさいに、ジュネットはシャルル・グリヴェルにならって、まずは三つの基本的な機能から出発する（ジュネット 2001:92）。

1——作品を同定すること
2——その内容を示すこと
3——それを強調すること

1は識別のためのタイトル、2は説明のためのタイトル、そして3はそれを効果的にプレゼンテーションするためのタイトルということになろう。しかし、これらを逐一検討するうちに、ジュネットは最終的に以下の四つの機能をタイトルに見出すことになる（同書:110）。これは、われわれの考察にとっても重要なものになるはずだ。

1――指名、同定
2――記述（テーマ的、レーマ的、それらの混合）
3――共示
4――誘惑

まず、最初の「指名・同定」は、アイデンティファイのために必要な識別指標としての機能であり、ほぼすべてのタイトルが、必然的にこの性格を付与されている。

次の「記述」は、作品のありようを記述し、説明する役割をはたす機能。一般にわれわれは、タイトルは作品内容をあらわすものだと漠然と考えているが、その場合にはまさに「記述」機能が働いているとみなしているわけである。

さらにジュネットはこの「記述」機能に関して、「テーマ的」「レーマ的」、さらにはそれらが混合された曖昧な形にわけている。テーマ的とは、例えば小説の内容を即物的、象徴的、あるいは反語的（皮肉）に示すもので、もっとも基本的な命名のパターンである。一方でレーマ的タイトルとは、簡単にいえば、たとえば「瞑想」「内省」といった、一種のジャンルをあらわすもの。テーマ的、レーマ的なタイトルは混合的に示される場合もある。例えば「人間悟性論」であれば、「論」がレーマ、「人間悟性」がテーマなのだという（ジュネット 2001:106）。

一方、三番目にあげられている「共示」は、何らかのかたちで、作品外の領域との関連を示唆するタイプの機能である。たとえば「告白」というタイトルは、ジャンルを示すレーマ的なタイトルであると同時に、アウグスティヌスとの何らかの関連を示唆したりもするだろう。ジュネットは、この共示的機能を、エピグラフの機能に似ていると説明する。テクスト本体をゆるやかに説明するだけでなく、それを何らかの外部に接続しようとする働きというわけである。

最後の「誘惑」とは、一種の客引きとしてのタイトル、あるいは宣伝としてのタイトルの機能である。印象的な、あるいは美しいタイトルはつねに宣伝的な性格を持つわけだが、この性格が突出して強くなると、徐々に内容の説明から離れてしまう。つまり、タイトルがある程度独立した存在としてふるまいはじめるわけである（もっともジュネットは、この「誘惑」という機能を個別に立項するかどうかについては、迷いを吐露している）。

さて、当然ながら、ひとつのタイトルの中には、複数の機能が内包されていることがほとんどであろう。(3) ちなみに、村田千尋が、主に音楽作品を念頭におきつつ、やはりタイトルの機能を四つ抽出しているので、以下に見ておきたい（村田 2006）。

1——区別・識別（作品番号なども含む）
2——宣伝効果（流通・販売の過程の必要性）
3——説明機能（意味伝達、解釈の手がかり）
4——伝統（題名が伝統を映し出す場合）

村田は、ジュネットの「記述」の中にあるテーマ的、レーマ的という区分を「3—説明機能」と「4—伝統」に分割し、さらには、ジュネットの「共示」を「4—伝統」の一部に含めて考えているものと思われる。とすれば、構図はさして変わらないといえよう。

絵画と音楽

村田によれば、大衆化が最も早かった演劇が最初にタイトルを確立し、その後に文学、最後に美術と音楽にタイトルが付されるようになったという（村田 2006:108）。美術や音楽のタイトルが遅れたのは、タイトルと本体の関係のあり方が、他の芸術に比してより複雑だからだろう。

まず絵画の場合、書籍ではないために、基本的に「表紙」が存在しない。つまり文学作品などに比べると、作品本体とタイトルが必然的に切り離されているわけだ。

そもそも絵画の場合、具象画ならば「何か」が描かれているわけだから、作者が何も文言を付さなかったとしても、対象物の名称がそのままタイトルとして流通することが多い。「受胎告知」「ひまわり」などはその例であり、近代以前の絵画のタイトルは、ほとんどがこのタイプに属するだろう。

絵画のタイトルは、やがて一七世紀後半のフランスでサロン展が開催されるようになり、絵画の販売・流通が大規模になると徐々に重要性を増してゆく。さらには一八世紀末におけるフランスの美術館におけるプレート掲示の開始（一七九五年）を契機として、タイトルは必須のものとなった（佐々木 2001:170）。先にも確認したように、こうしたタイトルは額縁、プレート、カタログなど、作品と分離した位置に記されている点が、他の芸術作品とは異なる大きな特徴だ。

絵画のタイトルに関して、ビュトールは面白い例をいくつか挙げているが、これらはその後のタイトル論でも好んで議論の俎上にのせられることになった。以下ふたつの例を観察しておきたい。

ひとつはブリューゲルの「イカロスの墜落を含む風景」（一五五八年頃）。この絵は、一見するとのどかな海辺の風景を描いているようではあるが、しかしタイトルに促されて細部まで注意してみると、船の横に、逆さに墜落しているイカロスの脚が見える。タイトルがなければ、この絵の主題を捕まえることは難しい。たとえ海から見える脚に気づいたとしても、それが蝋の翼が溶けてしまい、あわれ墜落したイカロスだと思うひとは少ないだろう。その意味で、タイトルはこの絵画の見方をかなりの程度、方向付けている。(4)

もうひとつ、近代的なタイトルの例として有名なのは、マグリットの「イメージの裏切り」(1929)である。この絵には、明らかにパイプが描かれているのだが、その下に文章で「これはパイプではない」と書いてある。絵のなかに書きこまれた文章自体が一種のタイトルとして機能しているともいえるが、しかしさらに「イメージの裏切り」という真のタイトルを見たとき、われわれはこの絵において起こっている矛盾した事態を、メタレベルで把握することになる。ちなみにビュトールは「このステロタイプな形象に、実物のパイプを近づけてみるだけで、実物との相違、実物への裏切りは明々白々なものとなる」と述べているが(ビュトール 1975:83)、たんにそうしたレベル(=絵に描かれた二次元のパイプは実物ではない)にとどまらず、イメージ(画像)が何ごとかを裏切るというタイトルの文言は、詩のようにさまざまな思考を喚起するだろう。

一方、音楽作品のタイトルは、美術とはまた異なった複雑な歴史を持っている。

音楽は存在論的にいえばけっして楽譜と同一視できないが、それでもモノとして流通する場合には楽譜という、いわば書籍的な形態をとる。ゆえに文学と同じように一六世紀における印刷本・印刷楽譜の普及とともに、音楽作品のタイトルの歴史が本格的にはじまったといってよいだろう。

かくして楽譜という特殊な「書籍」の表紙には、何らかのかたちの識別記号が付されるようになった。ただし、先にも述べたように、表紙に記された情報のうち、どれがタイトルかというのは意外に難しい問題だ。古典的な交響曲であれば、ジャンル名（交響曲）、楽器編成、献呈、作曲者名、作品番号などの情報が表紙に記されるのが通例であるが、いったいこれら全てをタイトルととらえるべきなのか、どこか一部をタイトルとするべきなのか。まさにわれわれはジュネットが述べるように「扉もしくは表紙の書字的な、そして場合によっては図像的な塊から、恣意的にとり出したもの」（ジュネット 2001:70）としてのタイトルを、ここから作りださないといけないわけだ。

もっとも古典期においても例外的に「近代的なタイトル」が付された曲もある。たとえばジョン・フィッシャーが挙げる下の例は、先の絵画におけるブリューゲルの絵と似たケースだろう。

> もしも一人の音楽家が、モーツァルトの弦楽とホルンによるヘ長調のディヴェルティメントを、何の手がかりもなしに聴いたならば、そしてもしこの曲をシリアスなものだと捉えたならば、彼はすぐさまレコードプレイヤーのスイッチを切るに違いない。和声は間違いだらけ、冒頭の主題は一小節早く終わってしまい、トリルも間違った音にかかっており、さらには楽器間の和声配分もでたらめだからだ。実はこの曲のタイトルは「音楽の冗談」というのだが、それを知った時、音楽自体は何も変わらないのに、この曲はきわめて知的な力技に変貌するのである。
>
> （Fisher 1984:295）

この、明らかにたどたどしい筆致の楽曲（K.522）は、モーツァルトが敢えて「田舎の三流作曲家による作品」という設定で書いたものらしい（その意図の詳細については明らかになっていない）。

フィッシャーが言うように、この曲は「音楽の冗談」というタイトルを知っていれば知的な遊戯として楽しめるが、単に音だけ聞いたら、とんでもない失敗作ということになるだろう。タイトルによって、ほぼ百八十度、聴き方が変わってしまうわけだ。

こうした「近代的」タイトルは一九世紀半ばまではまだ稀な存在だった（読者はすでにご存じだろうが、古典派音楽における「ひばり」「ジュピター」「運命」などは単なる「あだ名」であるし、モーツァルトの交響曲「第四〇番」といった番号も後世の出版社が識別のために付けたものである）。

しかし、一九世紀に入り、いわゆる「標題音楽」と呼ばれるジャンルが登場すると、多くの作品に、まさに近代的なタイトル——作者が、作品と呼応するものとして専有的に定めたタイトル——が付されるようになる。リムスキー＝コルサコフ「シェエラザード」、シュトラウス「英雄の生涯」、ドビュッシー「海」などはその例である(5)。この場合にわれわれは、ある程度は安心して「これがタイトルだ」と名指すことができるだろう。

二〇世紀の作曲家の命名意識

その後、二〇世紀に入ると、タイトルの重要性はどんどん増してゆく。とりわけ第二次大戦後には、「交響曲」「協奏曲」といった定型的なジャンルに収まらない楽曲が増えたために、ほとんどの作品に、作者によって工夫された、作品の一部としてのタイトルが付されることになった。

その多くは、ジュネットの分類に従えば、記述的かつテーマ的なタイトルということになるだろう。この場合、作品の特徴、内容をタイトルが説明するという図式が思い描かれるわけだが、しかしタイトルがそのまま「作曲家のあらわしたいもの」「作品の表現内容」を素直に示しているは限らない。以下、三つの例でその様相を観察してみたい。

まずは、ポーランドのクシシトフ・ペンデレツキの「広島の犠牲者に捧げる哀歌」(1960)の場合。この曲は、作曲時には、たんに演奏時間を無味乾燥に示す「八分三七秒」というものであったが、初演時に演奏時間が短縮されて「哀歌、八分二六秒」へと変更された。この段階で、演奏時間だけではなく、「哀歌」という独特のウェットなタイトルが付されたわけだ(楽曲自体は、暴力的なトーンクラスターが続く、むしろ破壊的な音響を特徴としているのだが)。さらに、この曲をユネスコに出品する際、ペンデレツキはポーランド放送のヤシンスキと相談したすえに「広島の犠牲者に捧げる哀歌」へとタイトルを変更した。

おそらくは、その破壊的で悲劇的なノイズ音響が、原爆の惨状を思いおこさせるという理由から、このタイトルが考案されたのだろう。この場合には事後的にタイトルが付されているわけで、おそらく作曲時にペンデレツキの頭のなかには「広島」はなかった[6]。この曲は現代音楽作品としては、かなりのヒット作になったのだが、おそらく最初のタイトルであったら、ここまで有名にはならなかったはずだ。

次に、日本の作曲家、近藤譲の場合。彼は自作のタイトルについて以下のように述べている。

> ある音楽が鳴って、それに題がついたときに、なんでこんな題なのかな、と思うようなものをつけることによって、音楽自体が自然に持っているだろうようなある雰囲気から、聴いている人を少し引き離したい。少し戸惑わせたい。ただ、あまり関係なくてもいけないわけです。（近藤 1991:181）

ここでは、タイトルは作品内容をあらわしているのではなく、むしろ聴き手を作品から「少し引き離す」ために用いられている。実際、彼の作品のタイトルは、「林にて」「忍冬」「晩い訪れ」「等高線」「一折」「地峡」「書記」「高窓」といった具合で、楽曲内容を直接的に説明しているとは思えないものばかりなのだ。ただし、それでも彼のタイトルが「猛吹雪」や「日照り」のように極端な性格を持っていないことは、ひとつの重要なポイントだろう。すなわちイメージを喚起させすぎず、楽曲をぼんやりと照射するようなタイトル。ここには、ジュネットのいう「共示」のきわめて特殊な例をみることができるかもしれない。

そして、もうひとつの例。三枝成彰（1943- ）が一九七三年に書いたピアノ曲のタイトルである「$\bigcap_{n=1}^{\infty} V_n(P_n)^a \ni P_o$」は、作曲者によれば、位相解析における「ベールの定理」に関連した数式だが、作曲にあたってこの数式が用いられたわけではないという。とすれば、ひとつの現代的で鋭利な、そして抽象的かつ複雑なイメージを示すために、このタイトルが選ばれたと想定されるわけだ。(7) ゆえにこの作品の場合には、タイトルは奇天烈だけれども、命名意識としては、ある程度は記述的であり、さらには共示的でもあるといって差し支えないだろう。

戦後日本作曲家のタイトル

では、戦後の日本人作曲家のタイトルにはどのような傾向が指摘できるのだろうか。以下、二四人の作曲家の作品を対象にして考えてみたい（最も年上の柴田南雄が一九一六年生まれ、最も年下の山根明季子が一九八二年生まれなので、両者には六〇年以上、すなわち二世代程度の幅がある）。

柴田南雄（1916–1996）
芥川也寸志（1925–1989）
間宮芳生（1929–　）
松村禎三（1929–2007）
黛敏郎（1929–1997）
湯浅譲二（1929–　）
武満徹（1930–1996）
諸井誠（1930–2013）
篠原眞（1931–　）
松平頼暁（1931–2023）
一柳慧（1933–2022）
三善晃（1933–2013）
石井眞木（1936–2003）
池辺晋一郎（1943–　）
近藤譲（1947–　）
新実徳英（1947–　）
西村朗（1953–2023）
吉松隆（1953–　）

細川俊夫（1955-　）

権代敦彦（1965-　）

望月京（1969-　）

川島素晴（1972-　）

酒井健治（1977-　）

山根明季子（1982-　）

これらの作曲家は——筆者の好みはまったく脇において——ある程度以上は名が知られており、さらにはある程度以上の期間にわたって継続的に作品を発表していることを基準にして選んだものである（そのため、寡作の上に若くして亡くなった矢代秋雄、八村義夫などは入っていない）。もちろん他にもさまざまな人選があり得るとはいえ、ある種の最大公約数的な選択を目指したものである。対象としたのは、これらの作曲家の作品のうち、一九四五年から二〇一四年のあいだに書かれた器楽曲・室内楽曲・管弦楽曲。つまり声楽曲・合唱曲・オペラなど、原テクストのタイトルが付されることが多いジャンルは考察から省いた。ただしマーラーの一部の交響曲のようなタイプ、すなわち器楽の中に声楽が含まれるタイプの作品（たとえば一柳慧「ベルリン連詩」など）は対象としている。その結果、データとして検討の俎上にのせたのは計二六八七作品であった[8]。

伝統的なジャンル名としてのタイトル

音楽作品のタイトルについて考える場合、まず見るべきは、「交響曲第一番」といった、伝統的なジャンル名によるものだろう。

これらはジュネットの分類によれば「指名、同定」であると同時に、ジャンルを示すという意味でレーマ的な記述的タイトルということになる。また、最初に筆者が挙げた、オーセンティック、リプレゼンタティヴ、オリジナルという三つの命名基準でいえば、最初の「オーセンティック」に比重がかかったタイトルといえよう。

こうした伝統的なタイトルは、おそらく以下の二つに分類して考えることができる。

まずは、古典派・ロマン派の作曲家と同じような、伝統的ジャンル名によるもの。交響曲、ソナタ、協奏曲、弦楽四重奏曲などがその代表的な例だが、さらにはややフォーマルな度合いが低いパルティータ、ポエジー、インヴェンション、交響組曲などもここに含めてよいだろう。これらの伝統的なタイトルは、ジャンルをあらわすものであるから、ジュネットのいう記述的機能は、ほとんど働いていない。

もうひとつは、伝統的なジャンル名に、何らかの文言が添えられている場合。例えば黛敏郎の「涅槃交響曲」(1958)、あるいは西村朗「ピアノ協奏曲《紅蓮》」(1979) などがその例で、つまりはオーセンティックなジャンル名を冠しつつも、そこに何らかの記述的な機能を加えようというものである。

これらのタイトルを一九四五年から二〇一四年というスパンの中でみると、どういう傾向が指摘できるだろうか。

まず、表1を見れば分かるように、これらのタイプのタイトルは、戦後間もない時期にはかなり多い。たとえば芥川也寸志「ピアノ三重奏曲」(1946)、柴田南雄「弦楽四重奏曲第二番」(1947)、間宮芳生「チェロ・ソナタ」(1950)、黛敏郎「六重奏曲」(1953)、武満徹「室内協奏曲」(1955)などが挙げられるが、しかし時代を下ると、湯浅譲二「ピアノ・コンチェルティーノ」(1994)などの例外もあるとはいえ、減少の一途をたどる。

これは想定通りといってよいだろう。現代において「交響曲第一番」といったタイトルが減っていることは誰にでもわかることだ。

しかし表2を見るとわかるように、たんなる「伝統的なタイトル」総体が完全な減少傾向にある一方で、「伝統的なタイトル+何らかの文言」という形態の作品は近年著しく増えている。たとえば、石井眞木「打楽器協奏曲――南・火・夏」(1992)、諸井誠「協奏交響曲第三番《神話の崩壊》」(1992)、池辺晋一朗「シンフォニーVI《個の座標の上で》」(1993)、間宮芳生「ピアノ協奏曲第四番《いまだ書かれざるオペラの情景》」(1997)、吉松隆「ソプラノサックス協奏曲《アルビレオ・モード》」(2005)、新実徳英「協奏的交響曲《エラン・ヴィタール》」(2006)といった楽曲がこれに相当する。

グラフにあらわれているように、こうした複合的なタイトルは、六〇年代まではほとんど存在しなかった。つまり、ジャンルを示すタイトルだけではものたりなくなった作曲家たちは、七〇年代を過ぎると、そこにサブタイトルのようにして何らかの文言を付すようになったわけである。

表1　「伝統的タイトル」が全体のなかで占める割合

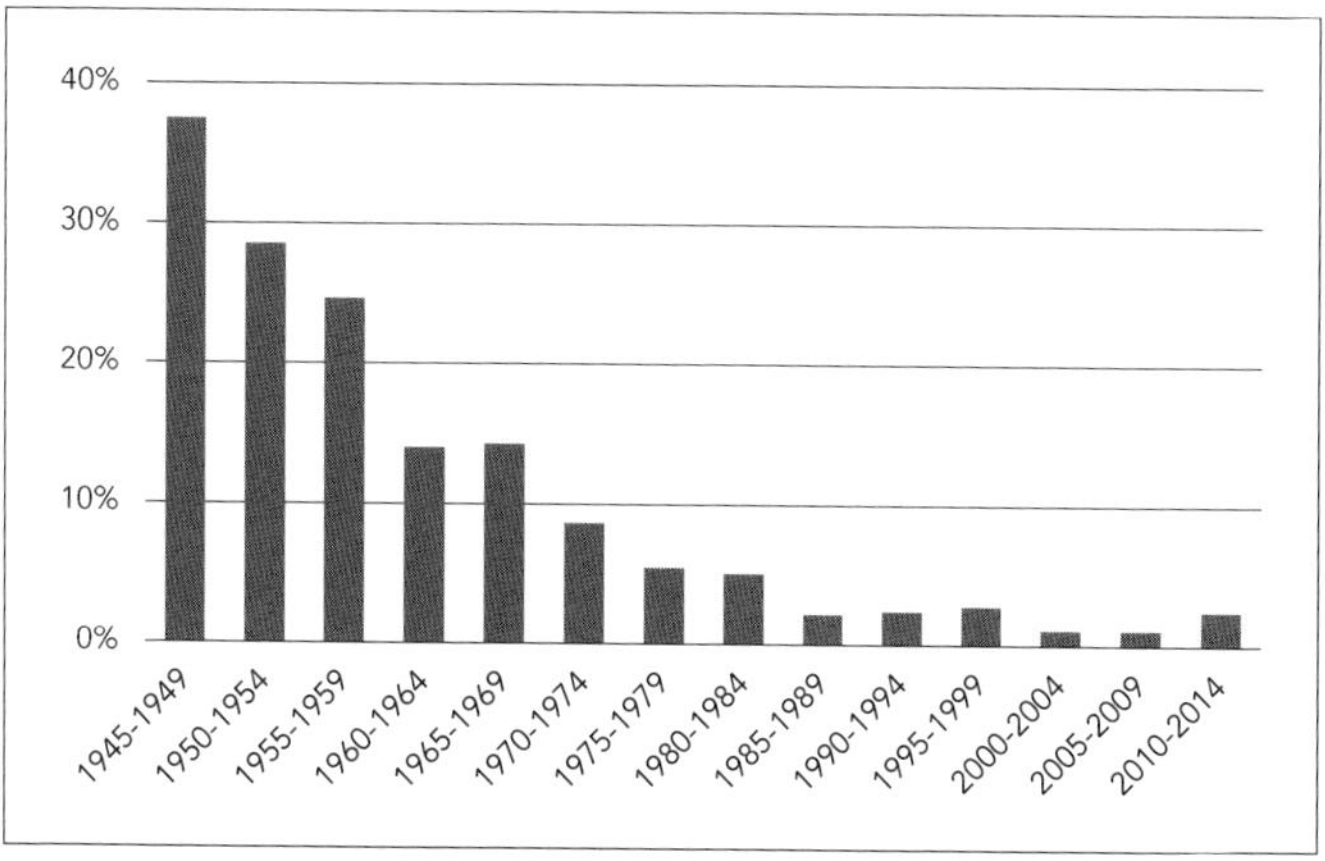

表2　「伝統的タイトル＋文言」の数

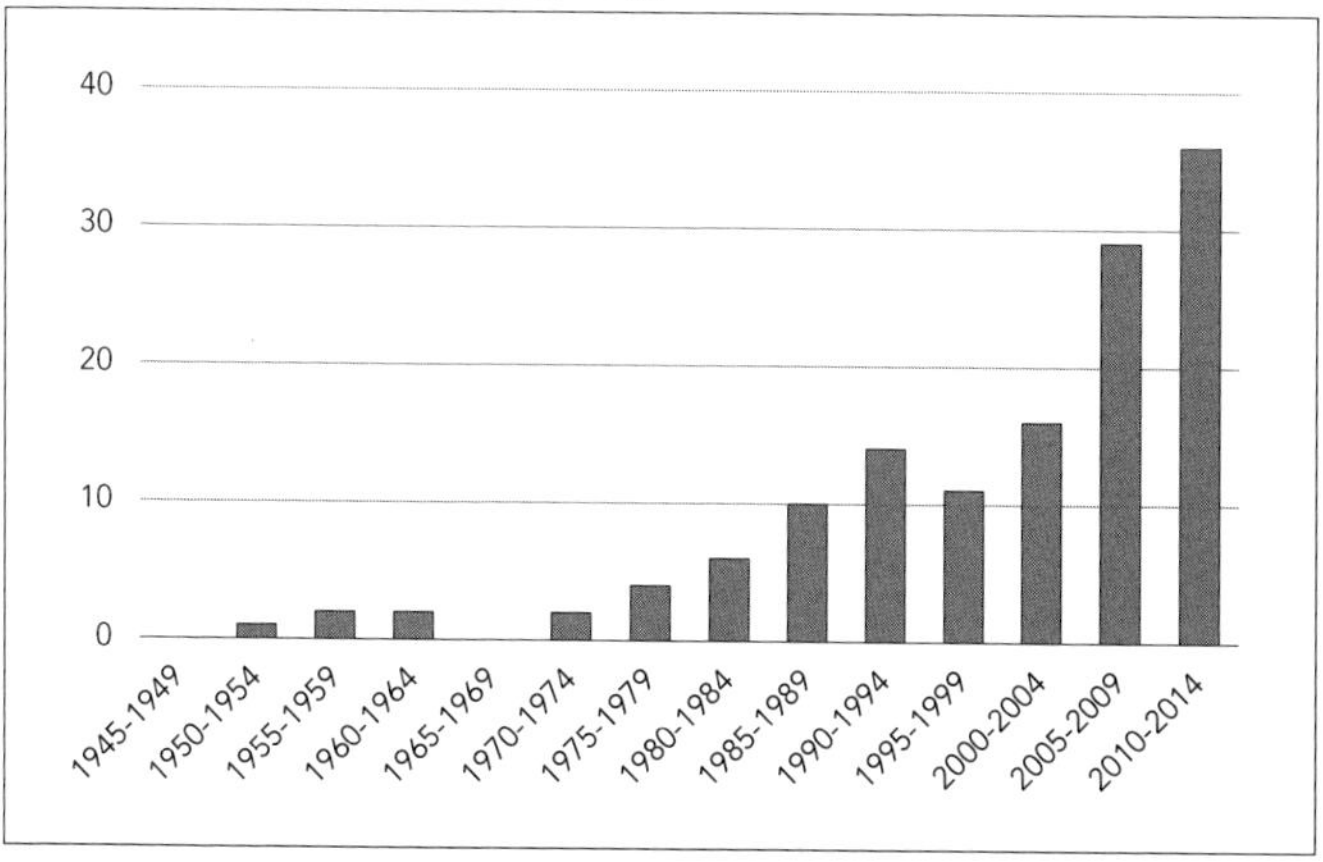

ただし、一九六〇年代以降の生まれの作曲家（一九六五年生れの権代以降）に限ってみると、川島素晴の「尺八協奏曲《春の藤／夏の原／秋の道／冬の山》」（2014）、酒井健治の「秋の協奏曲」（2014）、「ヴィイオリン協奏曲《G線上で》」（2015）などがあるとはいえ、その数が比較的少ないことは付言しておくべきかもしれない。

また、ジャンル名を冠したタイトルのなかで例外的に増加しているのが「エチュード」である。主な例としては、川島素晴「小太鼓のためのエチュード」（1993）、「室内管弦楽のためのエチュード」（2002）、池辺晋一朗「ポピー・エチュード」（1997）、間宮芳生「ピアノのためのエチュード」（2003）、細川俊夫「ピアノのためのエチュード」（2011）、酒井健治「ピアノのためのエチュード」（2011）、新実徳英「ピアノのためのエチュード《神々への問い》」（2014）などがある（このうち間宮、細川、酒井、新実のエチュードはシリーズ化されている）。

この現象は、おそらくジェルジ・リゲティの「ピアノのためのエチュード」（第一巻、1985）に端を発する国際的なエチュード・ブーム（ピアノでいえばパスカル・デュサパン、ウンスク・チン、フィリップ・グラスなどが思い浮かぶ）を背景にしたものと考えることができるだろう。

タイトルに頻繁に使われる語

表3は、タイトルに多く使われている単語のうち、上位二〇位までを挙げたものである。

一見して、自然にかんするタイトルが多いことに気づくが、それについてはあとでじっくり触れるとして、他のものから見ていこう。まず、三位に「音楽」が入っているのは意外かもしれない。しかし、これは戦後早い時期に、芥川也寸志「交響管弦楽のための音楽」(1950)、黛敏郎「素数比の系列による正弦波の音楽」(1955)、間宮芳生「四面の箏のための音楽」(1957)、一柳慧「ピアノ音楽1」(1959)といったタイプのタイトルが流行したせいである。「〜の音楽」というかたち以外だと、黛敏郎「音楽の誕生」(1964)などが挙げられるくらいだろうか。いずれにしても、この「音楽」という単語は、七〇年代以降は稀にしかあらわれなくなる。

七位の「歌、うた、唄」もかつては頻繁に用いられていたが、若い世代になると減少傾向にある。例としては、武満徹「ヒカ（悲歌）」(1966)、松村禎三「祈祷歌——無伴奏チェロのための」(1985)、

表３　タイトルに多く使われている単語（20位まで）

順位	単語	曲数
1	鳥	51
1	四季	51
3	音楽	49
4	風	45
5	花	40
6	光	35
7	歌・唄・うた	35
8	時・時間	33
9	夢	30
10	海	30
11	樹・木	27
12	夜	26
13	響	25
14	空間・スペース	24
15	風景・情景・遠景	24
16	星・星座	24
17	水	23
18	空	16
19	月	15
20	舞曲	14

西村朗「彩歌」(1988)、三善晃「焉歌・波摘み」(1998)、湯浅譲二「箏歌・蕪村五句」(2005)、吉松隆「朱鷺によせる哀歌」(1980)、新実徳英「空、海、大地と木のうた」(2007)など。

八位の「時間・時・とき」は、七〇年代半ばから増えはじめ、現在にいたるまで用例が多い。なにより音楽とは時間芸術であり、しかも現代音楽の場合には、その時間軸に対する工夫がなされることが多いから、多用されるのも当然だろう。

代表的な例としては、湯浅譲二「オーケストラの時の時」(1976)、近藤譲「時の形」(1980)、武満「アントゥル＝タン」(1986)、一柳慧「時の佇まいI」(1986)、細川俊夫「時の谷間に…」(1986)、「ヴァーティカル・タイム・スタディI」(1992)、西村朗「時の光彩」(1987)、「時の陽炎」(1997)、権代敦彦「カイロス——その時」(2011)などが挙げられる。また、「可塑的時間」をあらわすという湯浅の「クロノプラスティク」(1972)も一種の応用例として、ここに含めてよいだろう(9)。

「時間」を主題にしたタイトルは、いずれもどことなく哲学的な色彩を帯びているが、しかし若い世代になると使用例は少なくなっている。これは、この語が少々ストレートに「現代音楽的」だからかもしれない。

一方、九位の「夢」も、その不定形な存在の仕方において、現代芸術家の関心を集めてきた対象のひとつであり、武満徹「夢の時」(1981)を筆頭にして、用例は多い。主なものとしては、石井眞木「白濁夢」(1983)、篠原眞「夢路〈Ways of Dreams〉」(1992)、新実徳英「夢の樹」(1996)、川島素晴「夢の構造III」(1994)、池辺晋一朗「夢の跡へ」(2003) などがある。

下位の中では「空間・スペース」がやや気になる語だが、実際にはこの語は、山根明季子「ふるえる球体のある空間」(2009) などを除くと、ほとんどが一柳作品である。「ピアノ協奏曲第一番《空間の記憶》」(1981)、「弦楽四重奏曲第二番《インタースペース》」(1986)、「ビトウィーン・スペース・アンド・タイム」(2001)、「レゾナント・スペース」(2007) といった具合で、極度な偏りがあるために、統計的にあまり重い意味を持たせるべきではないだろう。

自然に関連したタイトル

さて、なにより目立つのは自然にかんするタイトルである。

一般に現代音楽といえば、たとえば「二〇楽器のためのコントラインディケイション」[10]といったような、やや難解で冷たい響きの外国語タイトルが多い印象があるのだが、しかし実際には、こうしたタイトルは二四人の作曲家の作品においては意外なほど少ない。

その替わり、先の表3を見れば分かるとおり、タイトルに使われる語は植物、動物、気象、天体、四季など、広義の自然にかんするものが圧倒的に多く、ゆえにどこか「やわらかい」印象を与える。こうしたタイトルは、およそ一九七〇年を過ぎてから急速に増加した。

リストでは鳥と四季が同数で一位だが、四季については「春・夏・秋・冬」をすべて四季としてまとめてカウントしているので、語としては「鳥」が断トツで一位ということになろう。これは吉松隆の作品タイトルに、極端に「鳥」が多いことを反映してもいるのだが（吉松ひとりでかなりの数がある）、しかし他にも武満徹「鳥は星型の庭に降りる」（1977）、細川俊夫「ウィンターバード」（1978）、細川俊夫「鳥たちへの断章II」（1990）、近藤譲「岩と鳥」（1992）、西村朗「鳥のヘテロフォニー」（1993）など、多くの例がある。メシアンの例を出すまでもなく、動物のなかでは圧倒的に「音楽的」な存在ゆえであろう。

四位の「風」にかんしては、湯浅譲二「私ではなく、風が」（1976）、三善晃「風紋」（1984）、新実徳英「風韻I」（1987）、間宮芳生「風のしるし・オッフェルトリウム」（2003）、「空」であれば、湯浅譲二「ハープのある時空」（1999）、細川俊夫「空の風景」（2007）、近藤譲「空の空」（2009）、などが挙げられる。

また、こうした自然を示す語は、一柳慧「夏の花」（1982）、新実徳英「空、海、大地と木のうた」（2007）のように、複合的に用いられるケースも少なくない。

おそらく、こうした「自然」タイトルは、日本の作曲家による作品特有の特徴といってよいだろう。[11] というのも、もちろん網羅的な比較は不可能ながらも、ヨーロッパの現代作曲家――たとえばブーレーズ、ベリオ、シュトックハウゼン、リゲティ、ラッヘンマン、リーム等々――の作品名を思い起こしてみると、「自然」要素がきわめて少ないことは明らかだからである（ベリオには「水のピアノ／地のピアノ」という作品があるが、これは彼の作品タイトルのなかでも、かなり異質である）。

花鳥風月を愛でる国民性ももちろん関係しているのだろうが、実は「自然」タイトルが多いという傾向は、ひとりの作曲家と深く結びついているようにも思われる。

武満徹の影響

自然系タイトルが一九七〇年代から二〇〇〇年代に至る日本の作曲界を席巻したことの背景には、おそらく武満徹の存在がある。というのも、彼のタイトルは、一九六〇年代からいちはやく「自然派」の傾向を示しているからだ。

彼がタイトルについてこだわりを持った作曲家であったこと、そしてそのタイトルが魅力的であることは多くのひとの指摘するところだろう。複数の武満論を出版している小沼純一は「じつのところ、武満徹作品の音楽の魅力とその人気は、この題名の詩的喚起力とけっして無縁ではない。いや、むしろひじょうにつよく、積極的に結びついてさえいる」（小沼 1999:155）とまで述べている。

武満の作品リストを眺めてみると、一九五六年のテープ作品「木・空・鳥」を皮切りにして、六〇年代には「水の曲」（1960）、「樹の曲」（1961）、「環礁」（1962）といった作品が書かれ、七〇年代に入ると「ユーカリプス」（1970）、「四季」（1970）、「カシオペア」（1971）、「ガーデン・レイン」（1974）、「鳥は星型の庭に降りる」（1977）など自然派タイトルがはっきりと増えてくる。

さらに、彼が世界的な作曲家としての名声を確立した八〇年代以降から最晩年のリストを見てみると、「海へ」「雨の樹」（ともに1981）、「雨の呪文」（1982）、「十一月の霧と菊の彼方から」（1983）、「オリオン」（1984）、「ウォーター・ドリーミング」（1987）「トゥリーライン」（1988）、「そして、それが風であることを知った」（1992）、「群島S」（1993）、「鳥が道に降りてきた」（1994）に至るまで、タイトルの半数以上に広義の自然が用いられているのである。

一九七一年に発表された最初の著作『音、沈黙と測りあえるほどに』において、武満は「私は自然と人間を相対するものとしては考えられない。私は生きることに自然な自然さというものをとうとびたい」「音楽の本来あるべき姿は、現在のように観念的な内部表白だけにとどまるものではなく、自然との深いかかわりによって優美に、時には残酷になされるのだと思う」（武満 1971:33–34）と語っているが、音楽作品を人為的・人工的な制作物ではなく、むしろ自然の一部として捉えようとする視線は、武満徹の生涯の創作を貫いているように見える。

自然にかんする同様の発言は一柳慧、湯浅譲二など、同世代の作曲家にもしばしばみられるが、とりわけ西洋的な構築性に対する東洋的な自然という対立図式は、「私たちは、ヨーロッパで考えられているのとは異なった仕方で自然を捉えています。自然は私のものと言いますか、私の一部なのです」（細川 2016:171）と語る細川俊夫に、もっとも色濃く受け継がれることになった。

してみると、武満をはじめとする日本の作曲家の自然派タイトルは、テーマの記述というよりは、ある種の共示的な側面が強いことが理解されよう。つまり、作品が人間の独占的・人工的な構築物に留まるのではなく、一種の自然でもあることを、こうしたタイトルはゆるやかに示しているわけである。

また、武満の八〇年代以降の作品においては、「夢の時」(1981)、「夢の縁へ」(1983)、「夢窓」(1985)、「夢みる雨」(1986)、「ウォーター・ドリーミング」(1987)、「夢の引用」(1991)という具合で、「夢」という語が多用されているが、この場合、人間が自覚的には制御不可能な「夢」は、一種の「自然」として機能しているとも解釈できる。

こうした武満の自然派タイトルは、後続の作曲家のなかでも、とりわけ新実徳英、西村朗、吉松隆、細川俊夫の四人に大きな影響を与えているように見える。この四人は世代的にいって、まさに武満が自然派タイトル、そして「夢」という語を多用するようになる八〇年代以降になってから、はっきりと頭角をあらわした存在だ。

本章では、ある程度統計的に日本の現代音楽作品のタイトルに考察を加えているが、この四人は多作であると同時に、いずれも自然にかんするタイトルが多い。ゆえに「日本の作曲家のタイトルには自然が多く用いられている」という本章の主張は、全体の傾向というよりは、むしろ「武満＋四人」の傾向というべきなのかもしれない(実際、この五人のタイトルは時として相当に似通っている)。とはいえ、実際に彼らがいずれもきわだった活躍を見せている作曲家であることはまちがいなく、彼らの傾向を日本の作曲界全体の傾向と重ねあわせることはさして不自然ではないだろう。

ちなみに、同じく自然系のタイトルが多い作曲家として近藤譲を挙げることも可能ではある。ただし、彼のタイトルの場合、「自然」系の語が使われてはいるものの、微妙に奇妙な言葉(たとえば「羊歯《しだ》」「左岸」「杣道《そまみち》」など）が選ばれており、その意味で自然を用いていても武満の系列とは明らかに異質だと考えてよい。

二語タイトルの増加

武満徹が先鞭をつけたと考えられるタイトルの傾向がもうひとつある。タイトルの単語数に注目して見てみると、二四人の作曲家の中で二語からなるタイトルを早くから用いているのが武満徹なのだ。

かつて吉松隆は、初期の武満作品のタイトル「アステリズム」「テクスチュアズ」「カトレーン」などの切り詰められた鋭さが、武満がエスタブリッシュメントとして活躍するようになると「生ぬるく文学的な説明」に変わったと論じた（吉松 2000:166）。生ぬるいかどうかは措くとしても、確かに後期武満のタイトルが、自然と夢を核にした、やや甘く文学的な響きを持っていることは事実だろう。注目されるのは、この時に多くの武満作品のタイトルの語数が、一語から二語へと増えていることである。

もちろん二語のタイトルは、他の作曲家にもある。早い時期でいえば湯浅譲二「内触覚的宇宙」(1957)、「プロジェクション・トポロジク」(1959)、一柳慧「プラティヤハラ・イヴェント」(1963) などがその例だが、しかし武満の場合、「ソリチュード・ソノール」(1958)、「ソン・カリグラフィ」(1958)、「ピアノ・ディスタンス」(1961)、「地平線のドーリア」(1966)、「ノヴェンバー・ステップス」(1967) といった、きわめて魅力的な二語からなるタイトルが初期から頻出すると同時に、やがて八〇年代に入ると「雨の樹」(1981)、「夢の縁へ」(1983)、「オリオンとプレアデス」(1984) など、自然や夢と結びついて独特の喚起力を発揮するようになるのである。

　語数の変化は、一見すると、タイトルにかんする一種の「収穫逓減《ていげん》」が起こったせいのようにも感じられる (日本の乗用車の命名がどんどん難しくなっているように)。しかし、単語の数は膨大であるから、おそらくそういう理由ではないはずだ。まさに吉松が指摘していたように、切り詰められた一語の鋭さから、二語の柔らかさへと、時代を下るなかで音楽自体の志向がゆるやかに変化していると解釈すべきではなかろうか。

　さらに三語以上のタイトルも今や一定の割合を占めるようになっている。三語以上ということは、多くの場合、文章に近い形式をとることになるわけだが、武満の「鳥は星型の庭に降りる」(1977) は、文章型のタイトル例として最初期のものである。これ以前にも、近藤譲「ラスターは彼女に帽子をわたし、そして彼とベンは裏庭を横切っていった」(1975)、柴田南雄「交響詩《ゆく河の流れは絶えずして》」(1975) などがあるものの、しかし近藤作品はフォークナー『響きと怒り』から、そして柴田作品は『方丈記』から文章を採っていることを考えれば、やはり武満のセンスは少々異なっている。「文章タイトル」が、二語タイトル以上に「やわらかさ」につながることは言うまでもない。

「自然」の場合と同じように、こうした傾向は少し遅れて、日本の多くの作曲家に共有されるようになる。表4は、これを示したものだ。

一九四五年から七〇年にかけてのタイトルを見てみると——「交響曲第一番」「ソナタ」といったジャンル名によるタイトルが多いせいもあるが——一語のものがほとんどである（「第一番」といった数字は「語」としてカウントしていない）。

ジャンル名を冠した伝統的なタイトルを除外しても、三善晃「トルスI」(1959)、石井眞木「トランジチオーネンン」(1962)、黛敏郎「BUGAKU」(1962)、松平頼暁「分布」(1966)、篠原眞「コンソナンス（協和）」(1967)、湯浅譲二「ホワイトノイズのための《イコン》」(1967)、近藤譲「フィールズ」(1969) といった一語タイトルが、大部分を占めている。このなかには石井眞木「響層」(1969) のように、もとは二つの語を組み合わせた造語も含まれてはいるものの、助詞の「の」が付く例はほとんどないのである。また、カタカナ語の場合であっても、二語は芥川也寸志「オスティナータ・シンフォニカ」(1967) のように、伝統的なタイトルの応用といってよいケースがほとんどだ。

しかし八〇年代に入ると、一語タイトルはおよそ全体の四〇パーセントほどに減じ、かわりに二語タイトルが増える。たとえば西村朗「ヴィシュヌの瞑想」(1985)、一柳慧「タイム・カレント」(1986)、石井眞木「残照の時」(1987)、細川俊夫「時の果てへ……」、西村朗「光の環」(1991)、三善晃「魁響の譜」(1991)、川島素晴「孤島のヴァイオリン」(1991) などがその例である。

表4　全体におけるタイトルの語数とその比率

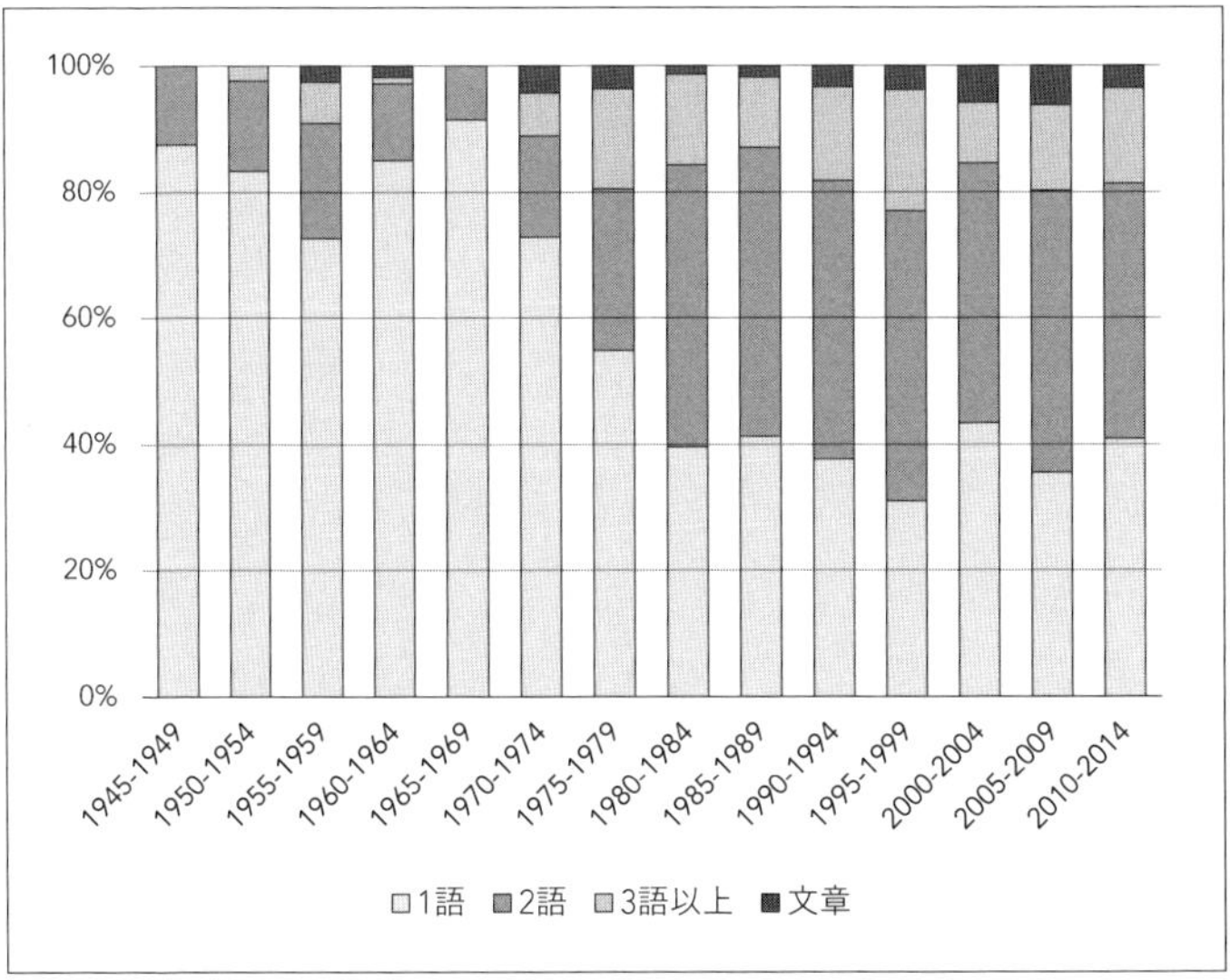

この傾向は二〇〇〇年代に入って加速しており、新実徳英「ソニトゥス・ヴィターリスⅠ」(2001)、望月京「オメガ・プロジェクト」(2002)、西村朗「夜の呪文」(2003)、望月京「クラウド・ナイン」(2004)、湯浅譲二「ぶらぶらチューバ」(2006)、細川俊夫「月夜の蓮」(2006)、酒井健治「ヘキサゴン・パルサー」(2007)、権代敦彦「コズミック・セックス」(2008)、など枚挙に暇がない。

ちなみに、依然として一語のタイトルが多い作曲家としては近藤譲と松平頼暁があげられる。近藤の独特な命名意識については先に記したが、松平頼暁の場合も、そのタイトルはきわめて特徴的だ。長く立教大学理学部教授を務めた松平は、きわめて乱暴な言い方を許していただければ「理系」作曲家であり、そのタイトルも多くは英単語一語による、すつきりとシンプルな響きを持っている。例を挙げれば「アッセンブリッジ」(1968)、「アルロトロピー」(1968)、「シミュレーション」(1976)、「オシレーション」(1977)、「尖度Ⅰ」(1982)、「パースペクティヴA」(1988)、「レコレクション」(1989)、「モルフォジェネシスⅠ」(1991)、「ディアレティックスⅡ」(2004)など。これらは、何らかの形で楽曲の内容と呼応している場合には記述的なタイトルといえるが、一方で、そのひんやりとした響きの感触は——自然や夢をタイトルに据えるのとはまったく対照的に——やわらかな情感から距離を置くという姿勢のあらわれでもあり、その意味で共示的な効果を発揮していよう。

さて、二〇〇〇年代に入って、二語のタイトルにかんする新しいムーヴメントを作りつつあるのが、山根明季子である。彼女は、初期の「水玉コレクション No. 1」(2006)から、やや異質な二語の組み合わせのタイトルを頻繁に用いている。たとえば「ケミカルロリイタ」(2008)、「棘棘カメリア」(2009)、「ハラキリ乙女」(2010)、「プラスチック・ベイビーズ」(2011)といったように。この点、同じ二語であっても、先の世代とは大きく性質を異にしているといってよい。

この「異質な二語」という形態は、後続する若い作曲家世代に大きな影響を与えているように見える。

誘惑と新しい創造

われわれは、ジュネットにならってタイトルに四つの機能（「指名・同定」「記述」「共示」「誘惑」）を見たあと、古典派音楽における「ジャンル、調性、作品番号」といったものの羅列が「指名・同定」に近いことを確認し、さらには現代作品のタイトルの多くを記述的（テーマ的・レーマ的）なものとして捉えた。また、そのうちの一部のタイトルには共示的な機能が備わっている点についても触れた[12]。

では、四つの機能のうち、「誘惑」に属するタイトルはないのだろうか。

そもそも、最初にも述べたように、「誘惑」という機能についてはジュネット自身が、他の項目と同じレベルの機能として考えるべきか迷っており、ゆえに『スイユ』の中でも多くを語っていない。彼の少ない記述から察するに、「誘惑」は、記述とはまた別の次元で働くものであり、内容をさして反映せず、たんに宣伝のために存在するものである。敢えて例を探すならば、たとえばボリス・ヴィアンの小説『北京の秋』が挙げられるかもしれない。この小説は北京とも秋とも関係がないが、おそらくはそれゆえに誘惑的なタイトルとしてわれわれの前にあらわれる。

現代音楽作品も、もちろん実態としては少なからず、「内容とはまったく関係ない命名」が行なわれてはいるに違いない。ただし、『北京の秋』において、北京や秋が主題になっていないことは読めば分かる事実だが、そもそも音と言葉は別次元の存在であるがゆえに、たとえば武満徹「地平線のドーリア」が、どの程度「地平線」なのかを判断することはきわめて難しい。

つまり、この意味では、音楽の場合はほとんどの作品タイトルが「誘惑」という機能をどこかで有している、すなわち内容とダイレクトには関係のない（＝関係が客観的には説明できない）命名がなされているといってもよいのではなかろうか。

命名にはいくつもの難関がそびえている。いわゆる「キラキラネーム」のように賛否両論のケースもあれば、筆者の「ワイルド・ライガー」のような失敗例（？）もある。[13] ひとつ言えるのは、タイトルが作品の一部であるとするならば、われわれがこれから出あう新しい音楽は、いままでになかった新しいタイトルを持っているに違いないということだろう。

註

（1） パラテクスト概念については、ジュネット『スイユ』序論を参照されたい（ジュネット 2001）。

（2） さらにジュネットは、パラテクストを、タイトルのように同じ書物の空間内にある「ペリテクスト」と、書物の外部にある「エピテクスト」（例えば作品に関するインタビューなど）に二分している。このエピテクストは、まさにわれわれが第4章「不確定性の社会学」で、「作品外のコンテクスト」と呼んでいたものに他ならない（ジュネット 2001:15）。

（3）もうひとつ、分析哲学者ジェラルド・レヴィンソン（1985）によるタイトル機能の考察についても簡単に見ておこう。彼の論点をまとめると以下のようになるだろうか。
①芸術作品のタイトルはしばしば、その作品がどういうものであるのかを示す、必須の部分となる。
②芸術作品のタイトルは多くの場合、それらの本質的な特性を示す。
③芸術作品のタイトルは、美学的な可能性と結びついている。
④芸術作品のタイトルと人物の名前の間には、それらが象徴するものの理解や解釈における役割という点において、重要な差異がある。
ちなみに、このうち最初の二項について、アダムス（1987）は強く批判し、作者のタイトルは常に強固に作品の一部であるという。一方、ウイズモア（1987）は、第三項を、コミュニケーションの観点を導入してさらに補強する。「同じタイトルでなければ、同じ文学作品ではあり得ない」というのが彼の主張だ。
（4）もっとも、このタイトルはブリューゲル自身によるものではないだろう。また、現存するこの絵自体、ブリューゲルによる絵画の複製と考えられている。
（5）ただし、本文中で先に触れたように、これらのタイトルの多くには「交響詩」「交響組曲」などのジャンル名が付されており、この扱いは時として難しい。
（6）沼野『ファンダメンタルな楽曲分析入門』の第12章では、しかし、このタイトルが正当であることが論じられている（沼野 2017:148–149）。
（7）かなり昔のことになるが、この曲について作曲家本人に伺ったところ、もうあのようなタイトルをつけることは二度とないだろうと述べておられた。
（8）これらの作品は、各種事典、音楽史書、伝記、出版社サイト、本人のサイトなどから出来るかぎり網羅的に抽出したが、おそらく少なからぬ抜けや誤りを免れていないはずである。さらにいえば、本人が破棄したり、タイトルを変更したりした場合にくわえて、外国語のタイトルの扱いが一筋縄ではいかない場合など、個別には数えきれないほどの問題が横たわっており、その意味で学問的に完全なリストとはとてもいえない(「声楽を含む器楽曲」についての判断も筆者の感覚に依っている)。ただし——言い訳のようになるが——ひとりの作曲家の完全な作品リストを作ろうとするならば、それだけでも膨大な労力がかかるのは必至であること、さらには本章の目的が大きな統計的傾向を見いだすことであることなどに鑑みて、半ば必然として生じる不完全性についてはご寛容のほどを願う次第である。

(9) もっとも、このタイトルは「可塑的時間」という意味にならないと江村哲二は主張している(江村 2000:124)。

(10) ただし、ヨーロッパの現代音楽作品にはこうしたタイトルが多い印象はある。「二〇楽器のためのコントラインディケイション」は筆者が適当に考えたものであり、こんな曲はない(と思う)。ちなみにContraindication は「禁忌」の意。

(11) ただし、やはり表4が示しているように、こうした「自然」タイトルも、ゆるやかな減少傾向にある。というのも、一九六〇年代以降の作曲家がこうしたタイトルをあまり使わないせいだ(ただし、この統計において六〇年代以降の作曲家はわずか五人なので、結果に過度の意味を持たせるわけにはいかない)。数少ない例としては望月京「メテオリット(隕石群)」(2002)などがあるが、これは自然といってもかなり特殊なケースといえよう。

(12) ちなみに川島素晴の作品タイトルは、一種のパロディ的な響きを持つものが多いが、これは楽曲の内容を記述的に示す一方で、その言葉遊びの様態は共示的な傾向を強く示している。

(13) たとえば石井眞木「ブラック・インテンション」(1976)などは、ワイルド・ライガー系のタイトルに筆者には思えてしまうのだが……。

第 7 章

あなたは現在、あるいはかつて共産党員でしたか？

アイスラーと非米活動委員会

【音楽政治学】

一般的には、この語はあまり使われない。しかし政治学という学問分野がある以上、音楽にかんして政治的な側面からアプローチを行なう方法論を音楽政治学と呼ぶのは正当であろう。

好きな映画をひとつだけ挙げろと言われれば、筆者の場合はシドニー・ポラック監督「追憶 The way we were」（1973）になる。勉強もルックスも抜群な青年ハベル（ロバート・レッドフォード）と、左翼活動に傾倒する地味な女学生ケイティ（バーブラ・ストライザンド）の物語だ。映画自体を観たことがないひとでも、マーヴィン・ハムリッシュ作曲による主題歌は、どこかで耳にしているだろう。

ハベルとケイティは第二次大戦後まもなく結婚し、やがて文才に秀でたハベルは脚本家としてハリウッドで認められるようになる。束の間の幸福な日々。しかしある日、突如として映画仲間が共産主義思想の持主だとして摘発され、その後も次々に裁判にかけられゆく。断固として抗議しなければと行動を起こすケイティ、一方で理想を追いもとめすぎるのは危険だと諭すハベル。二人のあいだには徐々に亀裂が入りはじめ……。これほど切ない映画をほかに知らない。

この物語の下敷きになっているのが、冷戦の勃発とともにはじまった「赤狩り」である。大きな発端となったのは「ハリウッド・テン」と呼ばれる一〇人の映画人たちが映画界から追放され、裁判で有罪が確定して刑務所に送られた事件だった。

アメリカという国は、建国以来「自由」を旗印にしており、基本的には他人に迷惑をかけなければ何をしてもよいし、どんな思想を持ってもよい、というのが建前になっている。しかし一方で、この時期における共産主義思想に対するアレルギーは、ヨーロッパや日本の比ではなく、ほとんどヒステリーのような様相さえ呈しているように見える。それは直接的には冷戦という背景ゆえだろうが、そもそも国家が（「救済」も含めて）個人に干渉する共産主義・社会主義は、彼らにとっては「自由」の対極であり、原理的に拒絶せざるを得ないものでもあったはずだ。

ちなみに、映画研究においては、赤狩りがどのように映画界に影響を及ぼしたのかについて、さまざまな著作や論文がある。したがって、ちょっとした映画ファンであれば、ハリウッド・テンのひとりであったダルトン・トランボが、「イアン・マクレラン・ハンター」という偽名で「ローマの休日」の脚本を書かざるを得なかったこと、あるいは「エデンの東」の作家エリア・カザンが、自らの地位を守るために多くの仲間を「共産主義者」として告発し、そしてそのために長く心に傷を負ったことを知っているに違いない。

実をいえば、音楽にかんしても、近年はアメリカを中心にして少なからぬ数の研究がなされているのだが、なぜか一般に紹介されることは少ない。政治と音楽は相性が悪いと思われているせいだろうか。

筆者はかつて「アメリカ共産党」という政党があることを知ってから、この国における社会主義・共産主義の在り方に興味を抱きはじめたのだが（単純に、「アメリカ」と「共産党」という、水と油のような二語が並んでいるのがおかしかったのである）[1]、しかしさまざまな資料を読むうちに、二〇世紀のアメリカ音楽を考える上で、左翼思想をめぐる状況は決定的な重要性を持っているのではないかとさえ考えるようになった。

実際、映画界のハリウッド・テンの面々が召喚される前月、ひとりの作曲家が共産主義者であるとして告発され、「下院非米活動委員会」の聴聞会にかけられている。本章ではこの、ハンス・アイスラーという名の作曲家を軸にして、戦後アメリカにおける赤狩りの様相について考えてみたい。

アメリカにおける共産主義の黎明期

イギリスを始めとする帝国の干渉から逃れ、一八世紀にようやく「建国」を果したアメリカ合衆国という国家は、その出発点から自由主義および資本主義を標榜しており、共産主義的な思考とは本質的に懸隔がある。

しかし、冷戦以前にひろく射程を伸ばしてみるならば、アメリカにおいてもさまざまな左翼運動が存在していたことがわかる。(2) まずはその歴史を簡単に振りかえっておこう。

これらは一九世紀のフーリエ主義をはるかな源流にして、南北戦争以後から連綿と続く労働運動に直接の起源を求めることができる。最初に重要な役割を果したのは一八八六年設立のＡＦＬ（アメリカ労働総同盟）だが、彼らが非熟練労働者や黒人労働者を排斥していることが強く批判されるようになると、それに代わって一九〇五年にはＩＷＷ（世界産業労働者同盟）が台頭する。この団体は急進的な社会主義思想を看板に掲げており、その戦闘的な姿勢は、のちのアメリカ共産党を準備するものといってよい（初期の共産党の幹部の多くは、ＩＷＷの出身である）。

こうした組合の構成員は、まずは一九〇一年に発足したアメリカ社会党の支持層として、徐々に政治全体に影響力を発揮しはじめた。一九一二年には、社会党の創設者のひとり、ユージン・デブスが大統領選挙で九〇万票を獲得し、全米を震撼させる（野村 1995:215）。

そして一九一七年、帝政ロシアで革命が勃発。

現地でこの革命を取材し、ルポルタージュ『世界をゆるがした一〇日間』で一躍名が知られるようになったジャーナリスト、ジョン・リードはモスクワの革命政府と密接な関係を持ちながら、アメリカにおいても共産主義をうたう政党の結成を画策する。かくして一九一九年には彼を中心にした共産主義労働党、そしてルイス・フレイナらによるアメリカ共産党が相次いで誕生。コミンテルンが二つの組織の合体を指示した末、一九二一年、ついに統一「アメリカ共産党」が発足することになったのだった。

これがロシア革命からわずか数年後という、きわめて早いタイミングであることに注意したい。アメリカ共産党は、すでに百年の歴史を持っているわけだ（ちなみに、日本共産党は翌一九二二年の設立）。

しかし、社会主義・共産主義の盛りあがりと並行して、アメリカの公権力は彼らへの監視・抑圧を強めることになる。すでに第一次大戦中にはウィルソン政権によって防諜法や治安法が導入されていたが、一九二〇年初頭にはミッチェル・パーマー司法長官、ジョン・エドガー・フーヴァー局長によって四千人以上の労働者が「左翼政治犯」として投獄されるに至った。

さらに二〇年代のアメリカが未曾有の好景気を迎えたために、共産党の主導する労働運動はいったん衰退の憂き目をみるのだが、しかし一九二九年一〇月二四日の世界大恐慌によって、事態はまた振りだしに戻った。そして意外なことに、大恐慌後の一九三二年に大統領に就任したローズヴェルト政権による「ニューディール政策」は、アメリカ市民一般に社会民主主義的な思考を拡散するにあたって格好の培養液となったのだった。ここはのちの議論においても、きわめて重要なので強調しておきたい。

そもそも、大恐慌からの立てなおしを図るニューディール政策は、連邦政府が強力な権限を発揮して諸産業を管理する点において、社会主義的な側面がきわめて強い。NIRA（全国産業復興法）、AAA（農業調整法）、TVA（テネシー川流域公社）、さらには労働者の団体交渉権などを保障する全国労働関係法（ワグナー法）や社会保障制度の充実など、これらの具体的な政策はいずれも、本来は「非アメリカ的」というべきものであり、むしろ統制経済に近い性格を持っている。こうして、もともとは反ニューディールを掲げていたアメリカ共産党も、三〇年代半ばにはその姿勢を支持へと変化させてゆく。

このニューディール末期にアメリカに移住してきたのが、ドイツの作曲家ハンス・アイスラー（1898–1962）だった。

アイスラーとシェーンベルク

アイスラーは一八九八年、ライプツィヒに生まれ、ウィーンで育った作曲家である。第一次大戦に従軍した後、彼は一九一九年からアルノルト・シェーンベルク（1874-1951）のもとで作曲の修行を積むことになった。

当時のシェーンベルクといえば、既に無調の手法を掌中におさめ、十二音技法へと歩みを進めようとしている頃である。しかもアイスラーの入門した年には、伝説的な演奏会シリーズ「私的演奏協会」をスタートさせており、ウェーベルンやベルクといった弟子を中心にした「シェーンベルク・ファミリー」の結束はおそらく最高度にまで高まっていた。

二人の高弟よりも一回りほど年下になるアイスラーは、彼らに続く作曲家として、ファミリーの中枢を担う存在になるはずだった。実際、一九二三年にシェーンベルクは、アイスラーの「ピアノ・ソナタ第一番」（作品一）をウニヴェルザール社に推薦しているが、これはひとり立ちした作曲家としてアイスラーを認め、卒業証書を与えたに等しいだろう（この曲はウィーン市芸術賞を受賞）。

アイスラーは、しかし、このファミリーからはみ出してゆくことになる。そのもっとも大きな理由は、彼が共産主義思想への傾倒を深めたことにあった。そもそもアイスラーの兄ゲルハルト・アイスラーと、姉のルート・フィッシャー（彼女は母方の姓を名乗った）は共に筋金入りの共産党員であり、とりわけ姉は二四年からはドイツ共産党の党首を務める「有名人」だった。社会主義・共産主義思想は、アイスラーにとっては空気のようなものであったにちがいない。

次第にアイスラーは、シェーンベルク一派の音楽が「芸術のための芸術」であり、少数のエリートに向けたブルジョワ的な文化の一部にすぎないのではないかという疑問にかられるようになる。一九二五年にウィーンからベルリンへ移り、労働者合唱団の活動に参加するようになると、疑問は確信へと変化した。

一九二六年初頭、アイスラーはドイツ共産党への入党申請を行なっている。ただし、どういうわけか、彼はそれ以上のアクションを起こさず、事実上、党員としてはまったく活動しないまま、組織を離れてしまった（この点は、のちの聴聞会で重要な論点となってくるので、ぜひ覚えておいていただきたい）。

一方、この頃シェーンベルクは、義兄の作曲家ツェムリンスキーから、アイスラーが現代音楽を捨てるつもりらしい、との情報を得ている。弟子にたいして絶対的な服従を求めるシェーンベルクにとって、これは由々しきことに他ならず、動転した彼は再度ツェムリンスキーに様子を確かめる手紙を送っている。

E［アイスラー］は、一、自分はこのような現代的なものすべてから遠ざかる、二、十二音音楽が理解できない、三、十二音音楽が必要だとは思わない、と言ったのですか？ これはあなたが以前話してくれたことですが、Eは否定しているのですから、わたしとしては事実を確かめねばならないでしょう。（ベッツ 1985:49）

おそらくは色々なやりとりが、シェーンベルクとアイスラーの間にあったのだろう。関係がこじれてゆくなか、一九二六年三月、ついにアイスラーは、師のシェーンベルクへ訣別の手紙を送った。「現代音楽はわたしには退屈です。興味がないばかりか憎悪や軽蔑を感じることさえあります。現代音楽を聴いたり楽譜を見たりすることは、できるだけ避けています（最近のわたし自身の作品もそこに含めざるをえません）」（同書:49）。

当然というべきか、シェーンベルクは激怒し、結果として二人の関係は絶たれることになった。目をかけていた弟子アイスラーの離反は、シェーンベルクにとっては大きなショックだったろうが、大局的に眺めるならば、この小さな事件は二〇世紀の音楽が必然的に孕む問題――いったい、どのような聴衆を想定して新しい音楽は書かれるべきなのか――を象徴的にあらわすものともいえよう。

かくしてアイスラーの音楽は変わってゆく。一九二七年の「新聞の切り抜き」では、まだ無調の様式は保っているものの、タイトル通り、歌詞は新聞の広告に載っていそうなたわいないものばかりが用いられた。さらに同年、アイスラーはアジプロ劇団「赤いメガホン」のために「コミンテルンの歌」をはじめとする数々の闘争歌を作曲している。これらの曲は、ヨーロッパの左翼グループに高い人気を誇ることになった。

そして一九三〇年の「処置」からはじまるベルトルト・ブレヒトとの共同作業は、この路線を決定的に推しすすめることになる。独唱、合唱と小オーケストラのための劇「処置」は、「ソ連邦をたたえる」「レーニンのことば」といった部分からなる叙事的演劇だが、ここでアイスラーは、もはやシェーンベルク流の無調や音列技法を完全に離れて、ジャズなどの大衆音楽に影響を受けた全音階的で平易な語法を確立している。この後も、労働者の連帯を描いた映画「クーレ・ヴァンペ」(1931)、「コミュニズムをたたえる」といったパートを含んだ劇「母」(1931)へと、彼らの共同作業は続いた。

しかし一九三三年、ヒトラーが首相に就任すると、ユダヤ系にして左翼のアイスラーの音楽は事実上禁止され、彼はドイツから出国せざるを得なくなる。ここからソ連、フランス、アメリカ、デンマーク、イギリス、チェコスロヴァキアなどをめぐる、アイスラーの長い放浪生活が始まるのである。

この放浪時代さなかの一九三五年、アイスラーはニューヨークを訪問して「作曲家集団 Composers' Collective」と交流を図っている。この団体は、大衆のための作曲という旗印のもとに集まった「ピエール・ドジェーテル・クラブ」から一九三三年に独立した左翼作曲家グループであり、中心メンバーにはマーク・ブリッツスタインやアレックス・ノースがいた。彼らがひとつのモデルに据えていたのが、アイスラーとブレヒトの共同作業である。この団体を知ったアイスラーはいたく感激したようで、以下のように綴っている。

アメリカの素晴らしい作曲家の間において、実に新鮮で、強く、勇気ある理想を見出して感銘を受けた。これらの作曲家は、時代遅れで不毛な音楽、キッチュな映画音楽やジャズ、そして完全に孤立してしまった現代音楽と闘っている。つまり最新の成果に基づきながらも、彼らは新しいモダンな音楽のために奮闘努力し、その音楽を抑圧に対抗する労働者たちのために、そしてパンと自由のために用いるのだ。（ベッツ 1985:96）

この体験もあって、彼はこの年の一〇月から三六年初頭において、ニューヨークのニュー・スクール・フォー・ソーシャル・リサーチで講義を行なうことになった。実は、これらのすべてが、のちの聴聞会では「問題」になるのだが、その詳細はのちに譲ろう。

アイスラーはニューヨークを離れたあと、ロンドンやコペンハーゲン、プラハなどをまわったのち、一九三八年一月にアメリカ、ニューヨークに到着。以後はこの国に定住して活動することになったのだった。(3)

ニューディールの中のアイスラー

アイスラーがたどり着いた三〇年代後半のアメリカ音楽界は、意外なほどの活気を呈していた。ニューディール政策が音楽家をしっかりと保護していたのである。

すでに一九三五年には、「フェデラル・ワン」と呼ばれる芸術家救済計画がスタートし、連邦政府のWPA（Works Progress Administration〔公共事業促進局〕）によって「連邦音楽プロジェクト」が始動している。キエフ生まれの音楽家ニコライ・ソコロフが部長を務めるこのプロジェクトは、音楽家たちの雇用促進と知的な公衆の育成を謳い、実際、ピーク時の一九三八年（まさにアイスラーがアメリカに到着した年だ）には、全米各地で五万七千回（！）の演奏会を企画し、およそ三千五百万人の観客を動員した（Bindas 1995:35）。国家が音楽文化を援助することはヨーロッパにおいては至極当然のことだが、しかしこのWPAの諸プロジェクトによって「合衆国の歴史において初めて、音楽は組織的かつ包括的な政府の援助を受けたのだった」（Crawford 2001:590）。

いわゆる「現代音楽」界に目を転じてみれば、こうしたフェデラル・ワンの一環として、一九三五年の一〇月から「作曲家フォーラム Composers' Forum-Laboratory」と名づけられたシリーズがスタートしていることがわかる。これは、アメリカ在住の作曲家たちの作品を、個展あるいは二人展の形で紹介するというもの。

ニューヨークに到着した直後の一九三八年四月六日、アイスラーもこの企画に登場している。さっそくニューディール政策の恩恵に与ったわけだ。

演奏会は、ニューヨーク支部におけるルース・クロフォード・シーガーとの二人展で、アイスラーの作品は「室内カンタータ」（1937）、「ピアノ・ソナタ第一番」（1923）、「八つのピアノ小品」（1925）が取りあげられた（Allen 2007:96）(4)。ちなみに、急進的な左翼として知られる女性作曲家ルース・クロフォードとの組みあわせは明らかに意図的なものだ。浩瀚な『ルース・クロフォード・シーガーの音楽』を著したレイ・アレンは「プログラム委員会の決定は、マルクス主義的な音楽文化への関与、そして『作曲家集団』のようなグループへの関与を間違いなく反映している」と述べている（同書:96）。

すなわち一九三八年のアメリカ音楽界、あるいはニューディール政策下の音楽文化においては、マルクス主義的な音楽を特集し、鑑賞する「余裕」がまだ十分にあったということになろう。

一九三九年には第二次世界大戦が勃発するが、戦時中であってもアメリカ本土には安心感が漂っていた。アイスラーは一九四二年からは西海岸のハリウッドに居を移し、同じくアメリカに亡命していたブレヒトと再び共同作業をはじめると共に、多くの器楽、声楽作品を手がけている。映画音楽にかんしても「死刑執行人もまた死す」（フリッツ・ラング監督、1942）、「孤独な心」（クリフォード・オデッツ監督、1944）の音楽は、アカデミー作曲賞にノミネートされているから、人気作曲家と呼んでも間違いではないだろう。一九四六年には、「チャップリンの殺人狂時代」の音楽顧問を引き受けもした。

さらに彼は、たんに情緒を増幅させるだけのハリウッド風映画音楽から、時には映像と音楽が鋭く対立する新たな映画音楽への脱皮を論じた『映画のための作曲』(1944、出版 1947)を、哲学者テオドール・アドルノと共に著している。全体として、この頃のアイスラーの活動は相当に充実したものだ。

こうした束の間の安息は、しかし、一九四七年、唐突に中断された。アメリカ史において悪名高い「下院非米活動委員会」によって、彼は共産主義者として断罪され、事実上の国外追放処分を受けるのである。アイスラー側からみれば、それはあまりにも理不尽な仕打ちであった。

下院非米活動委員会の発足

アイスラーを召喚することになる下院非米活動委員会とは、どのような機関なのだろうか。直接的な前身は、一九三八年五月、マーティン・ダイズを委員長にして設立された下院非米活動特別委員会(通称、ダイズ委員会)である。(5) この委員会はアメリカ国内における反体制運動を取り締まろうとするもので、元来、その主な対象として想定されていたのはナチ同調者であった。しかしダイズはやがて、ニューディール期に左傾化した革新的政治運動、および共産主義にかかわる諸運動を主要なターゲットに据えることになる。

ダイズは、共産主義者を国内の「トロイの木馬」に見たてて摘発にやっきになったわけだが、当然ながら、ニューディール期におけるＷＰＡ（公共事業推進局）の事業、たとえば先に紹介した連邦音楽プロジェクトをはじめとする事業、および各種の労働運動なども軒並み批判の対象となった。この委員会は連邦議会に多くの勧告を行ない、結果としてさまざまな共産主義取締法が成立することになる（Ceplair 2011）。

また、一九四〇年には外国人登録法（スミス法）が成立。これは政府を暴力的に転覆させるおそれのある行動を制限するものだが、重要なのはこの法案が過去の信念や活動を根拠とした国外追放の条項を含んでいたことである。当然ながら、これは共産党幹部の逮捕などに際して、存分に利用されることになった。

ダイズ委員会は、一九四五年一月、アメリカ合衆国第七九議会において成立した公法六〇一号によって常設化が可決され、かくして「下院非米活動委員会 The House Un-American Activities Committee」が誕生する。(6)

ヒトラーの死によってナチスの脅威が消え去ると、彼らのターゲットは共産主義ひとつに絞られることになった。最初の委員長になったのはニュージャージー州選出の民主党議員エドワード・Ｊ・ハート。そして翌四六年に委員長がパーネル・トーマスに交替した後の一九四七年一月（すなわちアイスラーの公聴会の八か月前）、この委員会は以下の八項目を活動計画として掲げる。

1――連邦政府内の共産主義者およびその同調者を探し、白日の下にさらすこと。

2――アメリカの労働者の最も重要な組合のいくつかを、まごうかたなき共産主義者が統制し、かつ支配している様を明らかにすること。

3――アメリカ国民に向けて浴びせられている破壊的な宣伝に対抗し、国民を教化する計画をスタートさせること。

4――原爆に関する我が国の情報を、外国の利益のために漏らそうとするグループや運動を調査すること。

5――ハリウッドにおける共産主義者の影響力を調査すること。

6――教育の場における共産主義者の影響力を調査すること。

7――連邦議会議員に対するレファレンス・サービスを行なえるように調査員を編成し、合衆国における破壊的および非米的活動に関する一切の問題をたえず議員に知らせておくこと。

8――知らされた資料と記録を継続的に蓄積し、政府および軍の情報当局が自由に利用できるようにすること。

（島田 1991:71）

このうち1、2、5、6には「共産主義」という単語がはっきりと記されているのに加えて、他の項目に関しても、主に共産主義者が念頭におかれていることは明らかだろう(7)。

設立当初の委員会は、さして注目されていなかったようである。しかし一九四八年、ニューディール政策のもとで農業調整局とかかわっていた政府高官アルジャー・ヒスがソ連のスパイであることが発覚し、一九五〇年に委員会がヒスを偽証罪で有罪判決へと導くと、彼らは共産主義への防波堤として一気に注目を浴びることになった。

しかもこの前後の時期には、中華人民共和国の成立（一九四九年）、東西の代理戦争となった朝鮮戦争の勃発（一九五〇年）、およびソ連のスパイを摘発したローゼンバーグ事件（一九五〇年）などが相ついでおり、アメリカ国家および多くの市民は、急速に台頭しつつある共産主義を次第に敵とみなすにいたった。一九五〇年には共産党員の政府登録を義務付ける「国内治安維持法」（マッカラン法）が成立し、一九五四年には、共産党を、政府転覆を企てている組織として認定する「共産主義者統制法」へ発展。また、同時期には強固な反共主義者であるジョセフ・マッカーシー議員を中心にして、「マッカーシズム」の名で知られる徹底した赤狩りの嵐が吹き荒れることになる。

下院非米活動委員会は、こうした過程の中で、徐々にアメリカ議会でももっとも有名な委員会として、その名を知られるようになっていった。

アイスラーが暮らしたアメリカは、ニューディール末期から第二次大戦、そして冷戦へと、急速な変貌を遂げるさなかにあったから、彼にとってみれば、この地に辿り着いた一九三八年と、この地を去る一九四八年では、まったく異なった国のように思えたことだろう。

聴聞会におけるアイスラー

一九四七年九月二四日午前一〇時半。アイスラーは、ワシントンDCで開かれた下院非米活動委員会に召喚されて聴聞会の席に立った。この様子は全米にラジオ中継がなされている(8)。

実はこの七か月前の四七年二月には、ドイツ共産党系のジャーナリストで、やはり同委員会に召喚された兄のゲルハルトが、委員会冒頭の宣誓を拒否したかどで議会侮辱罪に問われ、ニューヨーク湾に位置するエリス島に政治犯として収監されている。アイスラーは、自身にたいして議会侮辱罪を発動されることのないよう、言動に細心の注意を払わねばならなかった。すなわち、決して黙らず、拒否せず、怒らず、できる限り「のらりくらり」と質問をやり過ごすこと。これこそが、何よりも肝要だったわけだが、あらかじめ言ってしまえば、アイスラーはそれを見事にやり遂げた。

そもそも、彼は当初、この委員会をさして恐れてはいなかった。三月二一日に獄中の兄ゲルハルトへ送った手紙では「もしもあの委員会が僕を召喚するというならば、喜んで出ていきたいものだ」と述べているし (Eisler 2013:61)、召喚が決定した後の九月一四日には、委員会宛の電信で「ワシントンDCに出向く際に交通費が出るのかどうか、早急にお知らせいただきたい」と要求すると共に、ホテルの予約もしなければならないので急いでほしい、と強気の姿勢を見せている（同書:66）。

しかし、おそらく実際の聴聞会が進むにつれて、アイスラーは、ことがそれほど簡単ではないと気づいたはずだ。実際、対応をひとつ間違えたならば、彼の音楽家としての生命が決定的に損なわれた可能性は十分にある。

当日、委員会に出席した政治家はパーネル・トーマス（非米活動委員会委員長、共和党下院議員）、ジョン・マクダウェル（共和党下院議員）、ジョン・E・ランキン（民主党下院議員）、そしてジョン・S・ウッド（共和党下院議員）[9]。このうち、民主党のランキンは差別的な白人至上主義者として知られる人物である[10]。聴聞会で主に質疑を担当したのは、主任調査官のロバート・ストリプリング。

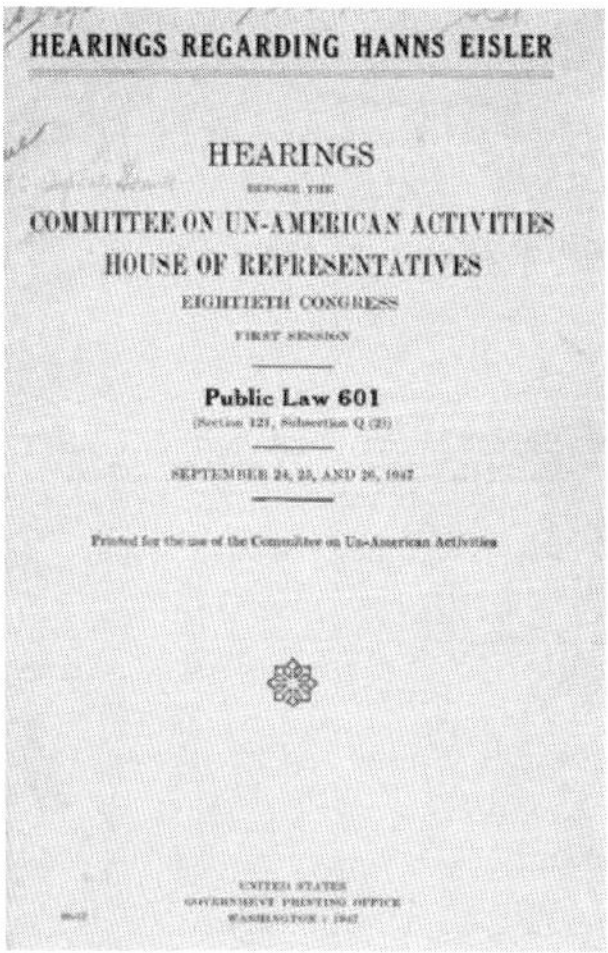
HEARINGS REGARDING HANNS EISLER

HEARINGS
BEFORE THE
COMMITTEE ON UN-AMERICAN ACTIVITIES
HOUSE OF REPRESENTATIVES
EIGHTIETH CONGRESS
FIRST SESSION

Public Law 601
(Section 121, Subsection Q (2))

SEPTEMBER 24, 25, AND 26, 1947

Printed for the use of the Committee on Un-American Activities

UNITED STATES
GOVERNMENT PRINTING OFFICE
WASHINGTON : 1947

アイスラー聴聞会の記録ファイル

聴聞会は、まずは宣誓に始まり（兄と異なり、この部分はすんなり通過した）、続いて弁護士を選任するかどうか、拘引状についての確認など、事務的なやりとりが続く。

その後アイスラーは、なぜ自分がハリウッドの映画人たちに先駆けてひとりだけ呼ばれているのかと不服を申し立てているが、主任調査官のストリプリングは、これはアイスラー本人の活動についての聴聞会であり、映画人たちとは関係ないのだと説明している。

名前の綴り、住所、市民権、そして兄のゲルハルトと姉のルース・フィッシャーが同じくアメリカに住んでいることなどの基本事項が確認される中で、(11) なかなか愉快なひとコマがある。

ストリプリング（主任調査官）［以下S］ あなたの職業は？
アイスラー［以下E］ 作曲家です。
S　音楽の作曲家？
E　そう、音楽の作曲家。さらに言わせていただけるならば国際的な名声を得た作曲家ですね。
S　国際的な名声と？
E　ええ。

見方によっては傲岸不遜ともとれる発言だが、しかし芸術など理解しようともしないアメリカの「野蛮な」政治家たちにたいして、ヨーロッパの最先端の音楽現場を渡り歩いてきたアイスラーなりの矜持を示す一言だと考えることもできよう。委員の面々の鼻白む様子が見えるようでもある。

さて、最初にねちっこい質疑応答が続くのは、ソ連への訪問についてである。

ストリプリング　アイスラーさん、ソ連に行ったことはありますか？
アイスラー　ええ、短い旅行をしていますね。
S　何回行きましたか？
E　最後に訪れたのは、記憶によれば一九三五年。そしてその前には少なくとも三一年と三二年に。
S　三一年、三二年、三五年ですね？
E　もう一度くらい行った気もするけれども、どうにも思い出せませんね。
S　三回だけは思い出せるのですね？
E　そう、三回。一九二九年かそこら辺にも行ったかもしれないが、定かではありません［実際には二九年ではなく、一九三〇年に初訪問］。
S　ソ連では何をしていたのですか、アイスラーさん。
E　映画を制作していたのです。映画のタイトルは「若者は立ち上がる」です。(12)二度はこの映画のために訪れました。
S　あなたはソ連で何らかの職を得たことはありますか？
E　いいえ。私はほかの多くの芸術家と同じく、ゲストですから。

S　ソ連政府から一切お金はもらっていないのですね？
E　ええ。ただしもちろん、他の国の場合と同じで、制作会社からは報酬をもらってますよ。
S　では、その制作会社からの報酬以外には、個人からお金をもらったことはありませんか？
E　ありませんね。

下院非米活動委員会の質問はつねに、まるで螺旋を描くようにぐるぐると巡り、いったん逸れたかと思えば、また元へと回帰してくる。いわば何度も何度も少しずつ違う角度から同じ問いがなされるわけで、不用意な虚偽であれば、この過程で露わになってしまうというわけだ。聴聞会ではこのあとも、アメリカ入国、ヴィザ取得、メキシコ訪問をはじめとするさまざまな出入国の年月日の確認などが続くのだが、一般的にいえば、これらの詳細を細かく記憶している人間など稀だろう。小さな間違いをいちいち訂正されるアイスラーは、思わずこんな風に漏らしている。

アイスラー　ええ、そちらが正しいのでしょうね。どうもあなた方のほうが詳しく知っているようだ。そこにファイルがあるのですよね。

皮肉な物言いではある。しかし実際、委員会はジョン・エドガー・フーヴァー長官が支配するFBI（連邦捜査局）の調査ファイルを基にして審問を行なっているから、実は日時を含む詳細なデータはすでに正確に把握されている。このファイルの存在からも明らかなように、下院非米活動委員会という組織の運営においてFBIが果たした役割がきわめて大きいことは十分に強調しておかねばならない。というよりも、共産主義者の調査と摘発には巨大な捜査網が必要であるから、そもそもこの委員会とFBIは事実上、ほぼ一体とならざるを得ないのである。

さて、次の部分でのアメリカでの仕事についての述懐も、少なからぬ意味を持っている。

ストリプリング　あなたが［アメリカで］どんな仕事に就いていたか説明してもらえますか。
アイスラー　ニュースクール・フォー・ソーシャル・リサーチで音楽の教授として働いていました。そしてロックフェラー財団から奨学金を得て……
S　ちょっと待って。ニューヨークにあるニュースクール・フォー・ソーシャル・リサーチに間違いないですね？

アイスラーがアメリカに本格的に移住する前、一九三五年秋から三六年初頭まで教授職を務めた「ニュースクール・フォー・ソーシャル・リサーチ」という場所には、象徴的な意味がある。一九一九年に創立されたこの私塾は、一九三三年にドイツでナチス政権が樹立されてからレヴィ＝ストロースやハンナ・アーレントをはじめとする亡命知識人の受け皿として飛躍的に発展を遂げた。(13) けっして学校全体が共産党にかかわっていたわけではないが（もっとも、戦前にはこの学校の新館三階の壁面には、メキシコの美術家オロスコによって、赤旗、レーニン、スターリンなどが描かれていた）、「赤狩り」に関わるサッコ・ヴァンゼッティ事件の告発を行ない、同時に黒人公民権運動の発信地となった点などにおいて、ニュースクールは設立から戦後にいたるまでリベラル左翼の牙城としての役割を保つことになる。(14) 委員会が、この場所に注目するのは当然ともいえよう。

さらにストリプリングは、連邦政府に雇われた経験があるかを執拗に問うている。

ストリプリング　では、ニュースクール・フォー・ソーシャル・リサーチに加えて、連邦政府に雇われたことはありますか？

アイスラー　いえ、まったく。

S　農務省（Department of Agriculture）のための映画を手伝ったのではありませんか？

E　ええ。でも雇われていたわけではありません。ごく短い映画でした。もとは無料の仕事のつもりだった。たぶん百ドルか二百ドル程度もらっただけですね。

S　だから、あなたは農務省に雇われていたんですよ。

E　それを雇用というのですか？

S　そう、お金を得たのならば。

E　そうは思いません。もしも私がそう考えるとすれば……

S　「連邦演劇プロジェクト」に雇われたことはありますか？

E　いいえ。

S　でも、映画局には雇われたことがあるでしょう？

E　確かに。でも、私はフリーランサーです。誰かが現代の音楽に関して特別なものを求める場合に、私に声をかけるのです。

S　あなたはその映画のための音楽を書きましたね？

E　ええ。ただ、それは私の職業の一部にすぎません。私は作曲家です。さまざまな管弦楽や室内楽や歌曲を書きます。そして年に一度か二度ほど、少しばかり異なった理由で映画のための音楽も書くのです。それが私にとって興味深く、しかもお金を得ることができるようなものならばね。

ここでストリプリングが執拗に質しているのは、ニューディール期の諸機関とアイスラーの関わりである。委員会にとって戦前にＷＰＡ（公共事業促進局）が主導していた各種の事業は左翼の温床であり、実際、質問に名があがっている「連邦演劇プロジェクト」は、マーク・ブリッツスタイン作曲によるミュージカル「ゆりかごは揺れる」（1937）を生みだしたことからも分かるように、ＷＰＡが主導する美術・音楽・文学の各プロジェクトのなかでも、とび抜けて左傾化が目立つ事業だった。[15] また、農務省に関する質問も、あきらかにニューディール期の農業調整法（ＡＡＡ）を念頭に置いたものである（先にも触れたように、ソ連のスパイであったアルジャー・ヒスは、農業調整局と深い関係にあった）。

実はＦＢＩはすでに聴聞会が開かれる五年以上前から、アイスラーとＷＰＡの関係を極秘裏に探っている。

図１に示すのは一九四二年三月一一日付の、ＦＢＩによる報告書。アイスラーがＷＰＡ事業と関わっていたかについて、関係各所に照会したということなのだろう。しかし「上記の名前の人物はＷＰＡには雇われていない。現時点では、この件に関するこれ以上の調査は不要と思われる」と、レポートにはある。[16] それでも委員会は、このあとも引き続き、アイスラーとＷＰＡに接点がないかの調査を続けることになった。してみると下院非米活動委員会にとっては、むしろ共産主義というよりは、自国におけるニューディール政策こそが直接的な憎悪の対象であるようにも見えるのである。

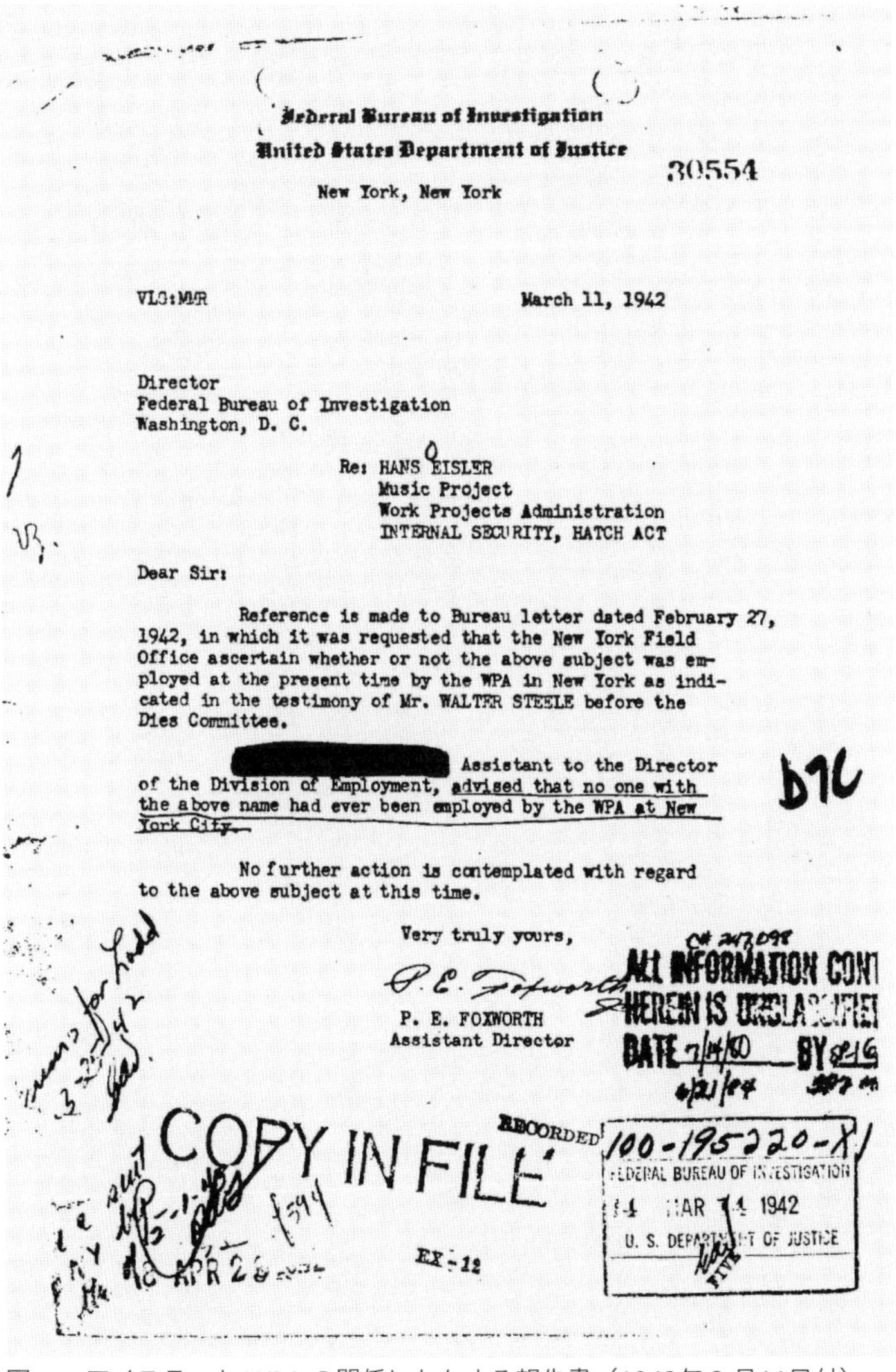

Federal Bureau of Investigation
United States Department of Justice
New York, New York

30554

VLG:MMR

March 11, 1942

Director
Federal Bureau of Investigation
Washington, D. C.

Re: HANS EISLER
Music Project
Work Projects Administration
INTERNAL SECURITY, HATCH ACT

Dear Sir:

Reference is made to Bureau letter dated February 27, 1942, in which it was requested that the New York Field Office ascertain whether or not the above subject was employed at the present time by the WPA in New York as indicated in the testimony of Mr. WALTER STEELE before the Dies Committee.

[redacted] Assistant to the Director of the Division of Employment, advised that no one with the above name had ever been employed by the WPA at New York City.

No further action is contemplated with regard to the above subject at this time.

Very truly yours,

P. E. FOXWORTH
Assistant Director

ALL INFORMATION CONT
HEREIN IS UNCLASSIFIED
DATE 7/14/80 BY

COPY IN FILE

RECORDED 100-195220-X1
FEDERAL BUREAU OF INVESTIGATION
MAR 14 1942
U. S. DEPARTMENT OF JUSTICE

EX-12

図１　アイスラーと WPA の関係にかんする報告書（1942年３月11日付）

FBIファイルについて

FBIは、アイスラーの身辺に関する詳細なレポートを下院非米活動委員会に提供しているのだが、彼らの調査はどんなものだったのだろうか[17]。

司法省に属するFBIは、連邦全体にかかわる警察機関であり、とりわけ長期にわたるフーヴァー長官時代（1924-72）には、共産主義運動、反戦運動、公民権運動などを監視し、盗聴などの違法な手段を含む諜報活動を徹底して行なった。当然というべきか、アイスラーも一九四二年二月から監視の対象になり、一九四八年までに六八六頁にわたる膨大なファイル（メモ、報告書等）が作成されている。

現在、これらの報告書は、アメリカの情報公開法によってFBIのサイト「貯蔵庫 The Voult」(https://vault.fbi.gov/) で閲覧することが可能だ。所々黒塗りになっているとはいえ、詳細なレポートからは、FBIがアイスラーについて慎重に調査を重ねていたことが窺えよう。

初期に目を引くのは兄ゲルハルトとの関係についての報告である。例えば、一九四三年六月三日付のレポートでは、「エドワード」と名乗る人物がアイスラーの兄にして共産主義活動家のゲルハルトである可能性が高いこと、ゲルハルトがソ連のエージェントであるオットー・カッツと関係していること、アイスラーが兄と頻繁に連絡を取っていることなどが報告されている（図2）。

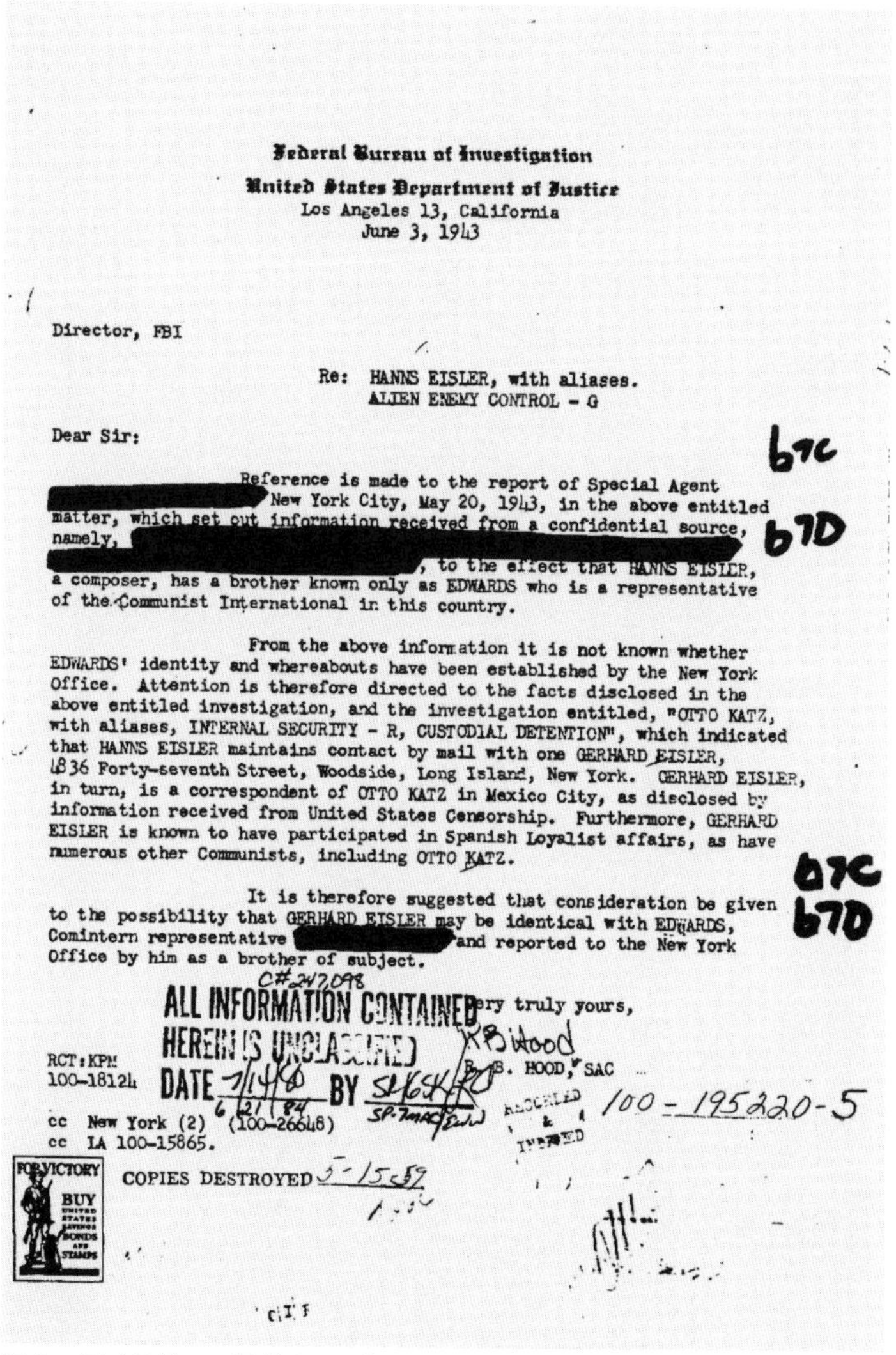

Federal Bureau of Investigation
United States Department of Justice
Los Angeles 13, California
June 3, 1943

Director, FBI

Re: HANNS EISLER, with aliases.
ALIEN ENEMY CONTROL - G

Dear Sir:

b7C

Reference is made to the report of Special Agent [redacted] New York City, May 20, 1943, in the above entitled matter, which set out information received from a confidential source, namely, [redacted], to the effect that HANNS EISLER, a composer, has a brother known only as EDWARDS who is a representative of the Communist International in this country.

b7D

From the above information it is not known whether EDWARDS' identity and whereabouts have been established by the New York Office. Attention is therefore directed to the facts disclosed in the above entitled investigation, and the investigation entitled, "OTTO KATZ, with aliases, INTERNAL SECURITY - R, CUSTODIAL DETENTION", which indicated that HANNS EISLER maintains contact by mail with one GERHARD EISLER, 4836 Forty-seventh Street, Woodside, Long Island, New York. GERHARD EISLER, in turn, is a correspondent of OTTO KATZ in Mexico City, as disclosed by information received from United States Censorship. Furthermore, GERHARD EISLER is known to have participated in Spanish Loyalist affairs, as have numerous other Communists, including OTTO KATZ.

b7C
b7D

It is therefore suggested that consideration be given to the possibility that GERHARD EISLER may be identical with EDWARDS, Comintern representative [redacted] and reported to the New York Office by him as a brother of subject.

C#247098
ALL INFORMATION CONTAINED HEREIN IS UNCLASSIFIED DATE 7/14/80 BY

Very truly yours,
R B Hood
R. B. HOOD, SAC

RCT:KPM
100-18124

6/21/84

cc New York (2) (100-26648)
cc LA 100-15865.

RECORDED & INDEXED

100-195220-5

FOR VICTORY BUY UNITED STATES SAVINGS BONDS AND STAMPS

COPIES DESTROYED 5-15-59

図２　アイスラーの兄ゲルハルトにかんする報告書（1943年６月３日）

兄ゲルハルトは紛れもない共産主義活動家であったから、ＦＢＩが監視対象にするのも当然ではある。その後の聴聞会の推移などを考えると、当初、アイスラーに対しては「ゲルハルトの弟」という位置づけで監視が始まった可能性もあろう（その後の六月一二日の報告書では、「『エドワード』がゲルハルトであることは間違いない」と述べられている）。

アイスラー自身を共産主義者と断ずる決定的な証拠があがらないこともあってか、一九四四年を過ぎるとファイルの数はいったん減るものの、再び四六年からは資料が増え、アイスラーがこれまでに書いた作品、文章などがあらためて精査されていることがうかがえる（ドイツ、ソ連において彼が出版した文章は、逐一英語への翻訳がなされている）。

とりわけ、この時期から聴聞会の開かれる一九四七年にわたっての身辺調査は、まるでスパイ映画のような様相を呈していて興味深い。たとえばアイスラー家の前に停められていた車のナンバーと持ち主、電話の発信番号と相手などは、すべて一覧表にまとめられて報告されているし、口座の動きも完全におさえられている（図３）。

資料を見れば分かるように、わずか一〇ドルに満たないお金の動きまでもが逐一報告されているわけだ。こうした周到な調査に基づくファイルを目の前に置いて、主任調査員のストリプリングはアイスラーの査問を行なっていたわけである。

-18124

CONFIDENTIAL

te	Payee	Amount
	Bank of America	$ 35.53
	LOU EISLER (Cashed at Westwood Bank of America)	250.00
2/16	Cash indorsed [redacted]	9.30
2/17	Malibu Inn Market	9.85
2/19	Huwson's	4.38
2/22	Malibu Inn Market	11.51
2/21	Malibu Inn Market	7.50
2/24	Melrose Grotto	5.00
2/22	Schwab's Pharmacy	6.15
2/21	[redacted] (cashed at Wilton and Hollywood Branch, Security First National Bank	103.00
2/22	ELIZABETH ARDEN	9.07
2/22	Greenblates	10.58

It is noted that in all the above checks the subject cashed only $3.00, $4.00 and $5.00 respectively. All others were written by Mrs. EISLER.

During the latter part of March and the first part of April, the following checks were run through the EISLER account:

672

Date	Payee	Amount
3/22	Exclusive Prescription Pharmacy	$ 2.83
3/20	Horton and Converse	9.16
3/24	Cash	1.74
3/24	[redacted]	25.84
3/15	ASC-F (membership)	10.00
3/17	Cash (cashed by [redacted]	8.55
3/27	Leuschner Chemist	1.75
3/24	ELIZABETH ARDEN	9.29
3/25	[redacted]	30.00
3/26	[redacted] - Topanga Journal	5.50
3/26	European Parcel Service, 7075 Hollywood Blvd.	50.28
3/26	Canyon Cleaners	10.95
3/26	[redacted]	4.00
3/31	Lamode Cleaners	8.70
4/1	Brentwood Pharmacy	10.00
4/1	Lincoln Cleaners	2.58
3/31	Lyman's Pike Bowle	1.40

- 16 -

CONFIDENTIAL

図３　アイスラーの銀行口座のお金の動き

「あなたは現在、あるいはかつて共産党員でしたか？」

先のＷＰＡに関する質問後ほどなくして、間合いを測るようにして、ついにストリプリングはのちに委員会の象徴ともなった、有名な質問を繰り出す。「アイスラーさん、あなたは現在、あるいはかつて共産党員でしたか？　Are you now or have you ever been a Communist?」。この問いは、以後、聴聞会の中で何度も形を変えながら繰りかえされることになる(18)。

アイスラーは次のように答えている。

アイスラー　現在は共産党員ではありません。まだ若い頃、一九二六年にドイツ共産党に入党申し込みをしたことはあります。しかし、その後すぐ、私の芸術活動はいかなる政党の要求とも両立できないと悟り、そこを脱退しました。

ストリプリング　脱退したのですか？

Ｅ　脱退したのです。

Ｓ　しかし、今あなたは申し込みをしたと言いましたね。

Ｅ　ええ。

S　申し込みをしたままならば、脱退してないことにはなりませんか。

E　まあ、確かにそうとも言えるかもしれない。でも、もしも私がある組合に入って、しかし組合費を払わなかったら、何か月か後に更新が必要になりますよね。

S　あなたが申し込みをしたことは、理解しました。

E　ええ。

S　つまり、あなたは入党したのですね？

E　そういう言い方が、あくまでもひとつの解釈であることを理解してください。私は全く気にかけてもいなかったのです。ただ放っておいた。

S　あなたは入党したのですよ。

E　申し込みはしました。

S　つまり、入ったのでしょう？

E　そうとも言える。しかし、仮にですよ、あなたが申し込みをして、それが受理されたとして……

S　［議長パーネル・トーマスに向かって］議長、私の質問は単純なのです。私が問うているのは、彼が現在共産党の党員なのか、あるいはかつて党員だったことがあるのか、ということなのです。

E　だから、私が言ってるのは、現在は共産党員ではないということですよ。これまで説明したように、確かに一九二六年にドイツ共産党に入党の申し込みはしました。しかし私は党の活動に全く関係がないのです。そこを去ったのです。確かに申し込みは受理された、しかし政治運動には全く……

［ここで質問者は議長のパーネル・トーマスに替わる］

議長（パーネル・トーマス）［以下T］ アイスラーさん、質問の仕方を少し変えましょう。あなたは申し込みをしたのですね。

E　そうです。

T　入党したのですか、それともしていないのですか？

E　実際には入党していません。私は申し込みをした、そして受理された、しかし私は一切を放棄した。

T　ならば、あなたが共産党員であったことは全くないというのですね？

E　そうです。たしかにこれを正確に表現することは難しい。しかし私は正確であることを望みます。確かに言えるのは、申し込みをした人間がいる、ということだけです。

T　あなたは党員だったのですか？

E　いいえ、真の意味では違います。

T　真の意味、などどうでもよい。あなたは党員だったのですか、それとも党員ではなかったのですか？

E　議長、いま話したとおりです。繰り返しますが……申し込んだが、そのまま放って……

T　分かってますよ。しかし、答えはイエスかノーしかないのです。

E　これまでにお話したことが答えです、議長。

T　いや、もっと明確でなければなりません。私たちが知りたいのは、あなたが共産党員だったのかどうかなのです。

E　共産党において、私が党員だったことはないと言ってよいでしょう。もしも人が全く活動をせず……

T　でも、党員の申し込みをしましたね？

E　ええ。

T　受理されたのですよね？

E　ええ。

T　それがすべてじゃないですか［That's all］。

こうした、ほとんどカフカ的な審問が果てもなく続くのが下院非米活動委員会なのである。

ストリプリングはこの後、デイリー・ワーカー紙（アメリカ共産党の新聞）における記事を参照しながら、これまでのアイスラーの言質を細かく問いただし（ここでもFBI資料が存分に利用されている）、さらには国際音楽ビューロー（一九三二年、モスクワにおいて、アイスラーはこの団体の理事に選出された）に属していたかを執拗に問うとともに、一九三二年発刊の冊子「ソ連音楽」の一部を長々と引用する。

議長から「この引用を長々と挙げる意味は？」と問われたストリプリングは「アイスラー氏が音楽界におけるカール・マルクスであることを示すため、そして彼が十分にそれを承知していることを示すためです」と答えているが、マルクスに譬えられるとは、アイスラーにとっては面映ゆくもあっただろう（アイスラーは「それはお世辞というものでしょう」とごく簡単な答えを返している）。

続いて、延々となされるのが「ピエール・ドジェーテル・クラブ」への参加についての問いである。例によって、らせん状の質問が執拗に続くので、引用してみたい。

ストリプリング　アイスラーさん、「インターナショナル」を作曲した人が誰か知っていますか？

アイスラー　ピエール・ドジェーテルという人物でしょう。一八八八年前後に書かれたはずです。

S　あなたは「ピエール・ドジェーテル・音楽クラブ」と名付けられた組織に属していたことがありますか？

E　一度、レクチャーをしました。
S　アメリカ国内で？
E　ええ。［ニューヨークの］ピエール・ドジェーテル・クラブの中で。
S　あなたはそのクラブが共産主義組織だと思いますか？
E　ストリプリングさん、私がクラブに出かけて話をした時に、誰にも共産主義者かどうかなんて尋ねなかったのですよ。私はさまざまな会合や演奏会に行きますが、そんなことを確かめたりはしません。
S　そうですか、では、あなたはこの団体が共産主義組織だと思いますか？
E　知りませんね。
S　アイスラーさん、あなたは［モスクワの］共産党本部で講演をしたことがあるでしょう？
E　いいえ。
S　ないのですね？
E　ええ、ありません。
S　一九三五年一〇月、あなたは共産党本部での会合に、兄のゲルハルトと共に参加しませんでしたか？
E　どうにも思い出せません。
S　あなたは合衆国の文化運動について話したはずだ。

E　そもそも私は共産党に何かを頼まれたことはありません。
S　行ったことはないと答えるのですね？
E　ええ、どう考えても、そんなことはありません。何かの間違いだと思いますよ。
S　あなたの記憶は、ロサンジェルスの時よりはよいはずですよね？[19]
E　ええ。
S　ならば、兄のゲルハルトと一緒にそうした会合に出たことを覚えているでしょう？
E　本当に思い出せないのです。私は臆病者ではありません。本当に思い出せないと言ってるのです。
S　「はい」か「いいえ」で答えてください。
E　私の答えは、思い出せない、というものですね。
S　では、ピエール・ドジェーテル・クラブの会員だったことはありますか？
E　全くありません。
S　ないのですね？
E　私はゲストだったのです。あの時、確かに私は一〇日間ほどニューヨークで過ごしました。そして私がアメリカに再び来た時には、もうクラブは分裂していた。どうやって思い出せというのでしょう。彼らの側では何か覚えているのかもしれませんが、私は知らない。
S　[議長パーネル・トーマスに向かって]議長、実はピエール・ドジェーテル・クラブの記録があります。ここにあるのは会員名簿です。この「E」のところ、メンバー一二番のところに、ロンドン、アビーロード一二番地に住むアイスラー氏という人が記されています。思うに、これはあなたの筆跡ですね。

E　いや、誰かがそう書いてくれたようですが、私は当時、まさにロンドンに住んでいましたから、この団体についてはろくに知らないのです。

S　この名前はあなたの筆跡ですね？

E　いいえ、違います。

S　その頃のあなたの住所は？

E　ロンドンですよ。もちろん。

S　議長、それではこの会員名簿にある、こちらの文章を見てください。これはあなたの筆跡ですね？

E　ああ、こちらは確かにそうです。

S　ドイツ語で書かれているので、委員会のために英語に訳してもらえますか？

E　「心を込めてご挨拶を……ピエール・ドジェーテル・クラブに革命的なご挨拶を申し上げます」。

S　いや、「ピエール・ドジェーテル・クラブに、心を込めて革命的なご挨拶を申し上げます」とするべきでしょうね。

E　それで結構です。
S　最後に「ハンス・アイスラー」とサインしてありますね？
E　ええ。
S　これはあなたの筆跡ですね？
E　はい。
S　確かにあなたが書いたのですね？
E　その通りです。

眩暈がしてくるようなやりとりだが、委員会の査問が綿密なデータに基づいていることがよく分かる。

聴聞会ではこの後、アイスラーが作曲した「コミンテルン・マーチ」について質問があり、さらにはスターリンについての考えなどにも及ぶ（アイスラーは、スターリンを憎んではいない、とはっきり答えている）。並みの精神ではもたない気もするのだが、少なくとも資料から見る限りでは、アイスラーはあくまでも冷静だ。

もっとも、審議の後半で、再び議長のパーネル・トーマスから執拗に「一九二六年に、いったいどのくらいの間、共産党員だったのですか？」と問われたアイスラーは、イライラしたのか一度はつい投げやりに「まあ、せいぜい数か月（a couple of months）でしょうね」と答えてしまい、「ということは、二か月間ですか？　二か月は党員だったのですね？」と厳しく追及される羽目に陥る。おそらくは疲れからくる気の弛みもあったのだろう。この日最大のピンチだったように思われるが、瞬時にして「のらりくらり」に戻ったおかげで、辛くも切り抜けることができた。

これまで紹介してきたのは聴聞会の記録の、主に前半に過ぎない。しかし、この下院非米活動委員会が、共産主義とソ連に対する敵対心に留まらず、ニューディール期におけるリベラルな活動に強い敵意を持っていることには、改めて注意を促しておいてよいだろう。ニュースクール、AAA、WPA、連邦演劇計画、ピエール・ドジェーテル・クラブ……。彼らにとって、これらはすべて敵というわけだ。そして実際、聴聞会の最後には、ローズヴェルトの妻、エレノアが「アイスラーは共産主義者ではありません」と友人に手紙を出していること、アイスラーの滞在許可願いを出していることが、意味ありげに紹介されるのである。

ハリウッド「赤狩り」への影響、そして再びシェーンベルク

何度か窮地に陥りながらも、しかし、アイスラーは逃げきることに成功した。

委員会は、伝家の宝刀である議会侮辱罪を発動することができず、さらには旅券違反法の証明もできなかったために、アイスラーを強制的に国外退去させることは、少なくともこの時点では不可

能だった。しかしその後、委員会とアイスラーの間に何らかの取引が成立し、[20]結局、「技術的退去」と呼ばれる形で、彼は半ば強制的、そして半ば自発的にアメリカを去ることになった（ベッツ1985:176）。アイスラーにしても、このままアメリカに留まることに身の危険を感じたに違いない。

彼の聴聞会は一九四七年九月に実施されているが、翌一〇月には、ダルトン・トランボを初めとする映画関係者「ハリウッド・テン」[21]の面々に対する聴聞会が行なわれた。このとき証言台にたった一〇人のアメリカ人はいずれも議会侮辱罪に問われ、半年から一年にわたる実刑判決を課されている（もっとも、同日に証言台にたったドイツ人のベルトルト・ブレヒトのみは、その翌日には早くもアメリカを出国し、パリ経由でチューリヒに、そして最終的には東ドイツへと移住して、アイスラーと再び合流することになるのだが）。

大衆娯楽の頂点にある映画の影響力はクラシック音楽よりもはるかに強力であるから、下院非米活動委員会のいわば「本丸」が映画界だったことは間違いない（一九四六年の綱領で「ハリウッドにおける共産主義者の影響力を調査すること」とはっきりと謳われていたことを思い出されたい）。つまり、音楽家ハンス・アイスラーの一か月早い召喚は、来るべき本格的なハリウッドの共産主義者摘発への前哨戦と見ることも可能だ。

ただし、二〇〇一年になってから公開された下院非米活動委員会の新資料を検討したジャック・ミークスは、確かに委員会がハリウッドの映画界をターゲットにしていた一方で、共産主義活動家であるゲルハルト、そしてモスクワにも通じている有名作曲家のハンスというアイスラー兄弟をきわめて重要視しており、むしろ彼らについての調査が、委員会をハリウッドの大規模な摘発へ駆りたてていったのだと論じている（Meeks 2009）。とすれば、アイスラーの聴聞会は、ひとりアイスラーの個人史的、音楽史的問題であることを越えて、戦後アメリカの「赤狩り」全般を解きあかすための大きな鍵として機能する可能性があるようにも思われるのである。

ちなみに、やや余談めくけれども、ＦＢＩファイルを丹念に見てゆくと、ひとつ、小さな発見がある。図４は一九四六年十二月にアイスラーがかけた電話先のリスト。

文字はやや薄れているが、十二月二一日と、いちばん下の十二月二五日には確かに「SCHOENBERG」とある。やはりユダヤ系であった師シェーンベルクも、ナチを逃れて一九三四年にアメリカに到着し、音楽活動を続けていたのだった。

一時期は共に学び、そして激しい喧嘩ののちに袂を分かった二人は、いつの間にか共にヨーロッパから弾きだされ、気づいてみれば同じくハリウッド近郊に居を構えていた。ひとりは、あいかわらず十二音技法による楽曲を手がけており、五一年にこの世を去るまで、自らの音楽に対する確信はいささかも揺るぐことがなかった。そして、もうひとりは生活の詳細をＦＢＩに監視されながら映画音楽をはじめとする仕事を次々にこなし、やがてはこの国を、ほとんど強制的に退去させられることになった。

いったい、このクリスマスに二人は何を話したのだろう。今となってはその内容など分かるはずもないのだが、この小さな記録は何やら不思議な感慨をもよおさせる。

LA 100-18124

CONFIDENTIAL

Date	Telephone	Name and Address
12/17/46	ARZ 95473	ADORNO
	[redacted]	[redacted]
	HOL 5911	RKO Pictures, 780 Gower
	[redacted]	[redacted]
	GLD 2488	ODETS
12/18/47	SU 54943	BRECHT
	SU 52225	Abbey Rents
	[redacted]	[redacted]
	CRV 12550	SCHENK Agency
	HE 6539	- -
12/19/46	[redacted]	[redacted]
12/20/46	ARZ 91670	L.BRE
	[redacted]	[redacted]
12/21/46	ARZ 92125	KORTNER
	SU 55568	VIERTEL
	ARZ 35077	SCHOENBERG
	[redacted]	[redacted]
	CRV 50151	ARDEN SALON
12/22/46	ARZ 92125	KORTNER
	[redacted]	[redacted]
	SU 54943	BERT BRECHT
	SU 59562	CHARLES LAUGHTON, 14954 Corona Del Mar
12/23/46	[redacted]	[redacted]
	SU 54943	BRECHT
	[redacted]	[redacted]
	CRV 50151	ARDEN SALON
	[redacted]	[redacted]
	SU 55568	VIERTEL
12/24/46	[redacted]	[redacted]
	CRV 67171	Canyon Cleaners, 937 North LaCienga
12/25/46	ARZ 35077	SCHOENBERG
	ARZ 92125	KORTNER
	[redacted]	[redacted]

b7c

- 23 -

図4　1946年12月にアイスラーが通話した相手

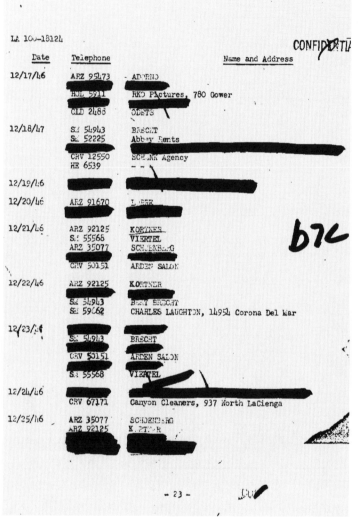

東ドイツへ

かくしてアイスラーは一九四八年三月二六日、ニューヨークのラガーディア空港からプラハへと飛びたつことになった。その際に読みあげた声明文で彼は次のように述べる。

私はこの国を、苦さや怒りなしで後にするわけにはいきません。一九三三年、山賊の首領ヒトラーが、私の首に賞金をかけて追い出した時には、私はむしろ得心していました。彼らは時代の悪でしたから、私は追い出されたことを誇りに思ったほどです。しかし今、この美しい国から、実にばかげたやり方で追い出されることには胸が痛みます。

(Wetzel 2013:210)

彼は続けて、下院非米活動委員会をはじめとする運動こそがファシズムに他ならず、彼らは新しい戦争を準備する人々だと強く非難する。それでもアイスラーは、声明文の最後をこう締めくくった。「いま、私は去らねばなりません。しかし、私は私の愛した真のアメリカ像を抱いて去るのです」(同書:210)。

そして、翌一九四九年。まるでアイスラーがアメリカを退去するのを待ち構えていたように、彼の故郷ライプツィヒを含むドイツ北東部は全く新しい国家——ドイツ民主共和国——へと生まれ変わることになった。

一般に「東ドイツ」の名で呼ばれたこの国はもはや存在していないが、その国歌「廃墟より甦れ」は、他のどの国歌にもまして、美しく、理想に満ちた音楽であるように筆者には感じられる。この国歌を作曲したのが、建国とともに東ドイツに移住し、そしてこの地で世を去ることになるハンス・アイスラーその人なのであった。

註

（1）アメリカ共産党はもちろん現在でも存続している。「CPUSA」で検索されたい。
（2）これらについては、ハウ（1979）およびポリティカルアフェア編集部（1971）などに詳しい記述がある。
（3）ただし、一九三九年にはヴィザの期限が切れたために、半年弱をメキシコで過ごした。
（4）ルース・クロフォード作品は「弦楽四重奏曲 一九三一」（1931）「入り混じったアクセントによる練習曲」（1930）、「ピアノ前奏曲」（1928）、「サンドバーグの三つの歌」（1930）。ちなみにダヴィディアンは、「弦楽四重奏曲 一九三一」がケージの「弦楽四重奏曲」（1950）に決定的な影響を与えたのだと論じている

(Davidian 2000)。

（5）　さらにその前身をさかのぼるならば、ドイツやロシアの共産主義運動を監視する「オーバーマン委員会」（1918）、共産主義活動を調査する「フィッシュ委員会」（1930）、そしてナチスほかの特定のプロパガンダ活動を調査する「マコーマック・ディックスタイン委員会」（1934）などにたどり着く。

（6）　同委員会は一九六九年、国内安全委員会 House Internal Security Committee へと発展的解消を遂げ、以後はベトナム反戦活動家を召喚するなどの活動を行なった。

（7）　項目4のみがやや異質に見えるが、ソ連はこの時期、急速に核開発を進めており（核実験成功は2年後の1949年）、ゆえに「外国の利益」とは主にソ連の利益と考えてよい。

（8）　聴聞会における毅然としたアイスラーの映像は、一部ではあるがYouTubeで見ることができる。(https://www.youtube.com/watch?v=FDC4Keawv6U)。

（9）　この日、委員会の重要メンバーの一人であったリチャード・ニクソンは欠席している。

（10）　下院非米活動委員会は共和党の議員によって推進されたと考えられがちだが、実際には、共和党と民主党右派（主に南部の州選出）が結びついた「保守連合 Conservative coalition」が委員会設立の基盤になっている。

（11）　ルース・フィッシャーはハンスの姉の筆名。本名エルフリーデ・アイスラー。若い頃にはドイツ共産党員の幹部として活動し、オーストリア共産党の設立者のひとりにもなったが、のちには反共の立場へと転じてゲルハルト、ハンスと強く対立することになる。

（12）　一九三二年（公開一九三三年）のソ連映画「コムソモール――英雄の歌」（ヨリス・イヴェンス監督）だと思われるのだが、確証は得られていない。

（13）　よく知られているように、第二次大戦後にはジョン・ケージも教壇に立った。

（14）この機関についての詳細は、紀平（2017）を参照のこと。

（15）「揺りかごは揺れる」は、作品の共産主義思想を問題視した当局によって、初演直前になって中止に追い込まれたが、ブリッツスタインら制作者側は、近くの劇場を急遽借り、ピアノ1台による特殊な形態で初演を行なった（Block 2009）。

（16）この図版は、Wierzbicki（2008）にも掲載されている。

（17）この節での記述に関しては、Wierzbicki（2008）も参照している。

（18）この質問は「六四ドル質問」と呼ばれていたが、その名は一九四〇年代にラジオ放送されていたクイズ番組における賞金の最高額に由来する。つまりは切り札的な難問ということ。

（19）既に一九四七年五月一二日、アイスラーはロサンジェルスで小委員会のインタビューを受けている。その時には「全て覚えていない」といった具合で通したのだった。

（20）この詳細な過程は必ずしも明らかになっていないように思われるが、いわば下院非米委員会とアイスラーの双方悼み分けということになるのだろう。ＦＢＩファイルの当該部分、および陸井（1990:125）も参照。

（21）「ハリウッド・テン」とは一九四七年一〇月二三日に下院非米活動委員会の証言席にたったハリウッドの映画関係者一一人のうち、ハーバート・ビーバーマン、リング・ラードナーJr.、エドワード・ドミトリク、ジョン・ハワード・ローソン、サミュエル・オーニッツ、レスター・コール、アルヴァ・ベッシー、エイドリアン・スコット、アルバート・モルツ、ダルトン・トランボの一〇人を指す。これ以外にもベルトルト・ブレヒトがこの日に証言台にたっているが、ドイツ人ということで慣例的に「一〇人」には入れられていない。

あとがき

熱しやすく冷めやすい子どもだった。だいたい半年くらいのスパンでなにかに熱中し――切手、マジック、釣り、スーパーカー、カメラ、ＢＣＬ、将棋……――地域の図書館で借りてきた専門書や雑誌を朝から晩まで憑かれたように読み、あれこれと試したあげく、ふいに熱が冷めてしまう。結局、大人になっても残ったのは「クラシック音楽」くらいで、あとはすべて中途半端なままで終わってしまった。

数年前、実家に眠っていた小学校時代の通信簿が見つかったのだが、そこにも「落ちつきがない」という類のことしか書かれていない（自分でも呆れた）。だから長い間、この根気のなさを克服せねばならない、と自分に言いきかせてきた。とりわけ音楽学を職業にするようになってからは、ひとつのテーマに粘り強く取りくむことを念頭に置いて、エドガー・ヴァレーズという作曲家の資料をコツコツと一〇年ほど調べて、一冊の本にまとめたりもした。

しかし、そうした長いスパンの仕事の狭間で、時としてむくむくと病が頭をもたげてくる。突然、まるで異なる対象に、半年ほど避けがたく熱中してしまうのだ（定期試験の前になると急に、普段は放ってある小難しい文学作品なんかが読みたくなる、あの感じによく似ている）。もっとも、こうした研究をいったん発表してしまうと、憑きものはするりとれて、また元の仕事に戻ってゆく。なんのことはない、つまりは子ども時代からの性向がまるで治っていなかったわけだ。

本書に収められているのは、これまでに筆者をおそった熱病の数々である。モーツァルトからプロレスまで、節操なく様々なテーマが扱われているが、それこそがまさに音楽学の多様性ではないかと気づいた時に（ポジティヴ・シンキング？）、本書の企画が胚胎した。

個々の章はそれぞれ、かつて国内外の学会・研究会で発表したり、どこかで文章化したものが基になっているが、いずれも全面的に練り直したので、ほとんど原型をとどめていなかったり、かなり異なった結論が導きだされていたりする。ただし第1章と第7章については、近年のものとあって比較的原型に近いので、以下に初出を示しておく。

第1章　「5000ドルの行進曲：ワーグナー《アメリカ独立100周年行進曲》をめぐって」ワーグナー協会編『ワーグナーシュンポシオン2016』二〇一六年、三九—六三頁。

第7章　「下院非米活動委員会とハンス・アイスラー」和田ちはる編『愚かでない音楽をもとめて：音楽と政治、音楽と社会　ハンス・アイスラー再考』二〇一九年、九三—一一六頁。

実はごく最近まで、自分を「若手」研究者だと思っていた。学生時代にお世話になった師匠格の先生方がご健在なうえに、先輩方は皆バリバリと仕事をしている。こうした人々のあとを追いかけることばかり考えていたのである。しかし、ある時、ふと学会の会場を見回してみると、どうも自分より若いひとの方が多い。知らぬ間に「若手」ではなくなっていたらしい…。

そんなことに気づいた時、いつのまにか年齢を重ねていたことに驚くとともに、なにか肩の力が抜けたようにも感じた。師や先輩の目を気にして萎縮するのではなく（あれで萎縮？と呆れられそうだが）、これからはもっと自由に、積極的に学問を楽しんでよいのではないかと思ったわけだ。まあ、たんに羞恥心がなくなってきただけのようでもあるが、ともかく自分にとって、本書はそうした実践の皮切りという気がしている。

もっとも、自由に楽しむといっても、一応は「音楽学者」であるから、学問的な手続きはきちんと踏まねばならない。時にはかなりざっくばらんな文体も使ってはいるが、いずれの章においても、なるべく厳密な文献操作や論理展開を心がけたつもりだ。

本書の着想が浮かんだのは二〇二〇年の夏。さっそくプランを組みあげて春秋社の中川航さんに相談した。『エドガー・ヴァレーズ　孤独な射手の肖像』でもタッグを組んだ中川さんはすぐに企画実現に動いてくださったのだが、その後、急遽、半年ほどをアメリカで過ごすことになった。結果として本書の執筆はスタートと同時に中断され、さらに日本に帰ってからも、ひさしぶりの授業と雑務でペースが狂い、大きくスケジュールが遅れてしまった。そのあいだ粘り強く励ましてくださったのみならず、譜例のチェックからデータのグラフ作りまで熱心に手伝ってくださった中川さんには、この場を借りて深い感謝をお伝えしたい（本書のタイトルも彼の発案だ）。また、桐朋学園大学大学院を修了した酒井萌音さんには、第6章のデータ整理などでお世話になった。

大学院時代は「音楽美学」の講座に籍をおいていたとはいえ、筆者の研究ベースは音楽史学にある。ゆえに各章に「音楽社会学」とか「音楽民族学」などと麗々しく記してはあるものの、通底しているのが音楽史学的な方法論であることはまちがいない。各分野の専門家からは「これは〇×学ではない！」とのお叱りをいただきそうで、今から首をすくめてもいるのだが、「はじめに」で記したように、これも音楽学の面白さを伝えるためということで関係各位にはご寛恕のほどを願うばかりである。

この本を書くのは、大変ではあったが実に楽しい経験だった。これからも音楽学の懐の深さに甘えながら、さらに刺激的な研究生活を送っていきたいものである。

二〇二二年一一月　調布の研究室にて　　筆者

文献

第1章

ヴェステルハーゲン、クルト・フォン　1973『ワーグナー』三光長治、高辻知義訳、白水社。

大井浩二（編）　2014『フィラデルフィア万国博覧会――公式資料と日本関連文献集成――別冊解説』エディション・シナプス。

坂本久子　2005「フィラデルフィア万国博覧会本館における日本の出品物と会場構成」デザイン学研究特集号13（2）、53-62頁。

三光長治、高辻知義、三宅幸夫（監修）　2002『ワーグナー事典』東京書籍。

西原稔　2006『ブラームス』音楽之友社。

ホロヴィッツ、ジョーゼフ　1997「アントン・ザイドルとアメリカのワーグナー熱」（山本淳子訳）『ワーグナーの上演空間』音楽之友社、302-355頁。

ミリントン、バリー　1999『ヴァーグナー大事典』三宅幸夫、山崎太郎監修、平凡社。

Davis, Harvey. 1968. *Wagner's music in America, 1870-1890*. MA, Music history, University of Kentucky.

Doherty, Brian. 2002. "Richard Wagner's Großer Festmarsch: America's $5,000 bargain." *The journal of the American Liszt Society* 51: 38-54.

Finck, Henry T. 1898. *Wagner and his works; the story of his life, with critical comments (5th edition)*. New York: C. Scribner's sons (from Hathi Trust Digital Library).

Fricke, Richard. 1998. *Wagner in Rehearsal 1875-1876: the diaries of Richard Fricke* (trans. by George R. Fricke). Pendragon Press.

Horowitz, Joseph. 1994. "Finding a *Real Self*: American Women and the Wagner Cult of the Late Nineteenth Century." *The Musical Quarterly* 78(2): 189-205.

Jost, Peter. 1995. "Preface." *Richard Wagner Sämtliche Werke* Band 18/III. Mainz: Schott.

Loft, Abram. 1951. " Richard Wagner, Theodore Thomas, and the American Centennial." *The Musical Quarterly* 37(2): 184-202.

Overvold, Lieselotte Z. 1976. "Wagner's American Centennial March: Genesis and Reception." *Monatshefte* 68(2): 179-187.

Peretti, Burton W. 1989. "Democratic Leitmotivs in the American Reception of Wagner." *19th-Century Music* 13(1): 28-38.

Rümenapp, Peter. 1997. "Hans von Wolzogen und Gottlieb Federlein. —zwei Leitmotivexegeten des *Ring des Nibelungen*." *Acta Musicologica* 69(2): 120-133.

Thomas, Rose Fay. 1911. *Memories of Theodore Thomas*. NewYork: Libraries Press [rep.1971].

Wagner, Cosima. 1976-77. *Die Tagebücher* 1, 2. Ediert und kommentiert von Martin Gregor-Dellin und Dietrich Mack. München: Piper Verlag.

Wagner, Richard 1879. "The work and Mission of my Life." *The North American Review* 129 (August): 107-124, 129 (September): 238-258.

Westernhagen, Curt von. 1968. *Wagner*. Zurich: Atlantis Verlag.

第2章

川上央、水戸勇気　2004 「モーツァルト効果——サリエリとの比較」『情報処理学会研究報告 MUS［音楽情報科学］』57号、143-148頁。

キャンベル、ドン　1999 『モーツァルトで癒す』日野原重明監修、佐伯雄一訳、日本文芸社。

チャブリス、C、D・シモンズ　2014 『錯覚の科学』木村博江訳、文春文庫。

トマティス、アルフレッド　1994 『モーツァルトを科学する　心とからだをいやす偉大な音楽の秘密にせまる』窪川英水訳、日本実業出版社。

宮崎謙一、仁平義明　2007 「モーツァルトは頭を良くするか——モーツァルト効果をめぐる科学とニセ科学」『現代のエスプリ』2007年8月号、113-127頁。

Bangerter, A., C. Heath 2004. "The Mozart effect: tracking the evolution of a scientific legend." *The British Journal Social Psychology* 43: 605–623.

Bridgett, David J. 2000. "Effects of Listening to Mozart and Bach on the Performance of a Mathematical Test." *Perceptual and Motor Skills* 90(3): 1171–1175.

Cash, A. H., R. S. el-Mallakh, K. Chamberlain, J. Z. Bratton, R. Li. 1997. "Structure of music may influence cognition." *Perceptual and Motor Skills* 84(1): 66.

Chabris, Christopher F. 1999. "Prelude or requiem for Mozart effect?" *Nature* 400: 826–827.

Hughes, John R. 2001. "The Mozart Effect." *Epilepsy & Behavior* 2(5): 396–417.

Jausovec, Norbert, Katarina Habe. 2003. " The Mozart Effect: An Electroencephalographic Analysis Employing the Methods of Induced Event-Related Desynchronization/ Synchronization and Event-Related Coherence." *Brain Topography* 16(2): 73–84.

Lemmer, Björn. 2008. "Effects of Music Composed by Mozart and Ligeti on Blood Pressure and Heart Rate Circadian Rhythms in Normotensive and Hypertensive Rats." *Chronobiology International* 25(6): 971–986.

Lin H., Hsieh H. Y. 2011. "The Effect of Music on Spatial Ability." *IDGD 2011: Internationalization, Design and Global Development.* 185–191.

Nantais, K. M., E. G. Schellenberg. 1999. "THE MOZART EFFECT: An Artifact of Preference." *Psychological Science* 10: 370–373.

Padulo, C., N. Mammarella, A. Brancucci et al. 2020. "The effects of music on spatial reasoning." *Psychological Research* 84: 1723–1728.

Pietschnig, Jakob, Martin Voracek, Anton K. Formann. 2010. "Mozart effect — Shmozart effect: A meta-analysis." *Intelligence* 38(3): 314–323.

Rauscher, Frances H. 1999. "Reply: Prelude or requiem for Mozart effect?" *Nature* 400: 827–828.

———. 2006a. "The Mozart effect in rats: Response to Steele." *Music Perception* 23: 447–453.

———. 2006b. "The Mozart Effect: Music Listening is not Music Instruction." *Educational Psychologist* 41(4): 233–238.

Rauscher, Frances H., Gordon L. Shaw, Catherine N. Ky. 1993. "Music and

spatial task performance." *Nature* 365: 611.

Rauscher et al. 1994. "Listening to Mozart enhances spatial-temporal reasoning: Towards a neurophysiological basis." *Neuroscience Letters* 185: 44–47.

Rauscher F. H., K. D. Robinson, J. J. Jens. 1998. " Improved maze learning through early music exposure in rats." *Neurological Research* 20(5): 427–432.

Rauscher, F. H., G. L. Shaw. 1998. "Key components of the Mozart Effect." *Perceptual and Motor Skills* 86: 835–841.

Rideout, B. E., C. M. Laubach. 1996. " EEG correlates of enhanced spatial performance following exposure to music." *Perceptual and Motor Skills* 82 (2): 427–432.

Rideout, B. E., J. Taylor. 1997. "Enhanced spatial performance following 10 minutes exposure to music: a replication." *Perceptual and Motor Skills* 85(1): 112–114.

Rideout, B. E., S. Dougherty, L. Wernert. 1998. " Effect of music on spatial performance: a test of generality." *Perceptual and Motor Skills* 86(2): 512–514.

Rideout, B. E. 1999. "Performance suppression from control procedures is not the basis of the Mozart Effect." *Perceptual and Motor Skills* 89(3): 890.

Shaw, G. L. 2000. *Keeping Mozart in mind*. San Diego: Academic Press.

———. 2001. "The Mozart effect [Letter to the editor]." *Epilepsy & Behavior* 2: 611–613.

Suda M., Morimoto K., Obata A., Koizumi H., Maki A. 2008. " Cortical responses to Mozart's sonata enhance spatial-reasoning ability." *Neurological Research* 30(9): 885–888.

Stough, C., B. Kerkin, T. Bates, G. Mangan. 1994. "Music and spatial IQ." *Personality and Individual Differences* 17(5): 695.

Steele, Kenneth M., Tamera N. Ball, and Rebecca Runk. 1997. "Listening to Mozart does not enhance backwards digit performance. " *Perceptual and Motor Skills* 84: 1179–1184.

Steele, K. M., J. D. Brown, J. A. Stoecker. 1999a. " Failure to confirm the Rauscher and Shaw description of recovery of the Mozart effect." *Perceptual and Motor Skills* 88(3): 843–848.

Steele, K. M., K. E. Bass, M. D. Crook. 1999b. "The mystery of the Mozart effect: Failure to replicate." *Psychological Science* 10: 366–369.

Steele, K. M., S. D. Bella, I. Peretz. et al. 1999c. "Prelude or requiem for Mozart effect?" *Nature* 400: 827.

Steele, K. M. 2001. "The Mozart Effect: An example of the scientific method in operation." *Psychology Teacher Network* 11: 2-5.

———. 2003. "Do rats show a Mozart effect?" *Music Perception* 21: 251-265.

———. 2006. "Unconvincing evidence that rats show a Mozart Effect" *Music Perception* 23(5): 455-458.

Thompson, W. F., E. G. Schellenberg, G. Husain. 2001. "Arousal, Mood, and the Mozart Effect" *Psychological Science* 12(3): 248-251.

Wilson, Thomas L., Tina L Brown. 1997. " Reexamination of the effect of Mozart's music on spatial-task performance." *The Journal of Psychology* 131: 4.

Štillová, K., T. Kiska, E. Koriťáková, et al. 2021. "Mozart effect in epilepsy: Why is Mozart better than Haydn? Acoustic qualities-based analysis of stereo-electroencephalography." *European Journal of Neurology* 28(5): 1463-1469.

第3章

今井千絵　2020 「カロル・シマノフスキのピアノ曲『メトープ』『仮面劇』と文学の関連性：ミュージカル・エクフラシスの視点から」桐朋学園大学大学院博士論文。

柴田南雄　1967 『西洋音楽史　印象派以後』音楽之友社。

バラケ、ジャン　1969 『ドビュッシー』平島正郎訳、白水社。

Barraque, Jean. 1988. "*La Mer* de Debussy, ou la naissance des formes ouvertes." *Analyse musical* 12: 15-64.

Bruhn, Siglind. 2000. *Musical Ekphrasis: Composers Responding to Poetry and Painting.* Pendragon Press.

Debussy, Claude. 1927. *Lettres a son Editeur.* Durand.

———. 1980. *Lettres, 1884-1918,* réunies et présentées par François Lesure. Hermann.

———. 1987. *Debussy Letters,* trans. by Roger Nichols. Faber & Faber.（[Debussy 1980］の英訳。ただし原本に無い書簡を56篇含んでいる）

Dietschy, Marcel. 1990. *A Portrait of Claud Debussy.* Clarendon Press.

Gautier, Jean-Francois. 1997. *Claude Debussy La musique et le mouvent*. Actes sud.

Gousset, Bruno 1986. "La Preeminence du timbre dans le langage musical de *La Mer* de Debussy." *Analyse Musical* 3: 37–45.

Howat, Roy. 1983. *Debussy in Propotion: an musical analysis*. Cambridge U.P.

———. 1985. "The new Debussy edition: approaches and techniques." *Studies in Music* 19: 94–113.

Proctor, David. 1992. *Music of the Sea*. The Stationery Office.

Lesure, François. 1994. *Claude Debussy: Biographie critique*. Klincksieck.

Lockspeiser, Edward. 1965. *Debussy: his life and mind vol. 2*. Cambridge U.P.

Monnard, Jean-François. 1981. "Claude Debussy: *La Mer* des fautes de copie a l'interpretation." *Schweizerische Musikzeitung* 121: 1–16.

Rolf, Marie. 1984. "Orchestral Manuscripts of Claude Debussy 1892–1905." *The Musical Quarterly* Vol. 70, no. 4: 538–566.

———. 1987. "Mauclair and Debussy: the decade from *Mer belle aux iles Sanguinaires* to *La Mer*." *Caiher Debussy* nouvelle série 11: 2–34.

Spence, Keith. 1979. "Debussy at Sea." *The Musical Times* 120: 640–642.

Trezise, Simon. 1994. *Debussy: La mer*. Cambridge U.P.

Vallas, Leon. 1973. *Claud Debussy: his life and works*. Dover.

第4章

イーザー、ヴォルフガング　1982 『行為としての読書——美的作用の理論』轡田収訳、岩波現代選書。

ウォルフ、クリスチャン　1988 「アメリカ実験音楽を語る（下）」『音楽芸術』1988年4月号、66-73頁。

ギアーツ、クリフォード　1987 『文化の解釈学Ⅰ』吉田禎吾ほか訳、岩波現代選書。

グリフィス、ポール　1987 『現代音楽——1945年以降の前衛』石田一志、佐藤みどり訳、音楽之友社。

ケージ、ジョン　1982 『小鳥たちのために』青山マミ訳、青土社。

———　1980 『音楽の零度』近藤譲訳、朝日出版社。

小林康夫（編）　1991 『現代音楽のポリティクス』書肆風の薔薇。

シャノン、クロード・E、ワレン・ウィーバー　2009 『通信の数学的理論』

植松友彦訳、ちくま学芸文庫。

庄野進　1976　「転換期の音楽としての John Cage の偶然性による音楽」『音楽学』第22巻 3 号、139–151頁。

ジュネット、ジラール　2001　『スイユ——テクストから書物へ』和泉涼一訳、水声社。

ストイアノヴァ、イワンカ　1976　「身振り、テクスト、音楽」『エピステーメー』1976年 8 + 9 月号、52–72頁。

沼野雄司　1994　「不確定性音楽の諸形態：1950年代、60年代の作品を対象にして」『東京音楽大学研究紀要』第18集、1–24頁。

バルト、ロラン　1979　『第三の意味——映像と演劇と音楽と』花輪光訳、みすず書房。

ブーレーズ、ピエール　1986　「ソナタよ、おまえは何を私にのぞむのか」笠羽映子訳、『ユリイカ　総特集ステファン・マラルメ』1988年 9 月臨時増刊号、376–394頁。

ブーレーズ、ピエール　1982　「骰子」『ブーレーズ音楽論——徒弟の覚書』舩山隆、笠羽映子訳、晶文社、43–58頁。

山本明　1973　「負のコミュニケーション」『講座　コミュニケーション 1　コミュニケーション思想史』研究社、196–214頁。

Behrman, David. 1965. “What Indeterminate Notation Determines.” *Perspectives of New Music* 3(2): 58–73.
Boehmer, Konrad. 1967. *Zur Theorie der offenen Form in der Neuen Musik*. Tonos-Verlag.
Cardew, Cornelius. 1961. “Notation: interpretation, etc.” *Tempo* 58: 21–33.
Foss, Lukas. 1963. “The Changing Composer-Performer Relationship: A Monologue and Dialogue.” *Perspectives of New Music* 1(2): 45–53.
Haubenstock-Ramati, Roman. 1965. “Notation: Material and Form.” *Perspectives of New Music* 4(1): 39–44.
Kneif, Tibor. 1974. “Some Non-Communicative Aspect in Music.” *International Review of the Aesthetics and Sociology of Music* (IRASM) V: 51–59.
Nyman, Michael. 1974. *Experimental Music: Cage and Beyond*. New York: Schirmer Books.
Seeger, Charles. 1958. “Prescriptive and Descriptive Music-Writing.” *The Musical Quarterly* 44(2): 184–195.

第5章

青木保　2006 『儀礼の象徴性』岩波現代文庫（原書1984年）。
岡村正史（編著） 1991 『日本プロレス学宣言』現代書館。
小佐野景浩　2021 「プロレス・テーマ曲の秘密！　今や欠かせない選手のテーマ曲」All About（2021年2月24日）https://allabout.co.jp/gm/gc/439516/
亀井好恵　2000 『女子プロレス民族誌――物語のはじまり』雄山閣出版。
工藤千晶　2016 「プラトンの教育課程論における『音楽』の位置に関する研究――3つの音楽概念を中心として」広島大学大学院教育学研究科教育学講座『音楽文化教育学研究紀要』第28号、51-60頁。
小泉文夫、小柴はるみ　1987 「楽曲解説」『オスマンの響き～トルコの軍楽』キングレコード KICC5101（CD）。
コブラ、ジャスト日本　2001 「テーマ曲から考える国際プロレス論」https://ameblo.jp/jumpwith44/entry-12693303777.html
斎藤文彦（責任編集） 2005 「アメプロの教科書」週刊プロレス別冊晩秋号、ベースボールマガジン社。
柴田惣一　2021 「選手個人のファンクラブが盛んだった昭和のプロレス風景　鶴田とマスカラス“真夏の名勝負”」ENCOUNT（2021年8月16日）https://encount.press/archives/207731/
ターナー、ヴィクター・W.　1976 『儀礼の過程』冨倉光雄訳、新思索社。
――― 1978 「儀礼・カーニバル・演劇――リミナルからリミノイドへ」星野英紀訳、『宗教研究』日本宗教学会編、第52巻1号、71-94頁。
長岡正直　2010 「プロレスラー入場曲が世間に残した爪痕」『現代風俗　プロレス文化　歴史・表現・エロス・地域・周縁』新宿書房、156-176頁。
バルト、ロラン　1967 『神話作用』篠沢秀夫訳、現代思潮新社。
プラトン　1979 『国家（上）』藤沢令夫訳、岩波文庫。
堀江ガンツ　2020a 「橋本真也の『爆勝宣言』誕生秘話。「ボンバイエを超える曲を作れ！」」Number Web,「ぼくらのプロレス（再）入門（2020年2月18日）https://number.bunshun.jp/articles/-/842543
――― 2020b 「プロレスと音楽の幸福な関係」『スポーツグラフィック

ナンバー』997号、文藝春秋社、48-53頁。
ホメロス　1992『イリアス（下）』松平千秋訳、岩波文庫。
ボール、マイケル・R.　1993『プロレス社会学――アメリカの大衆文化と儀礼ドラマ』江夏健一監訳、同文館出版。
村松友視　1980『私、プロレスの味方です――金曜午後八時の論理』情報センター出版局。
望月昇　2007『神秘の格闘技　ムエタイ』愛隆堂。
柳澤健　2009『完本　1976年のアントニオ猪木』文春文庫。

『別冊宝島849号　プロレステーマ曲大全集』、2003年９月。
『別冊宝島951号　闘魂伝承！プロレステーマ曲大全集』、2004年２月。
スポーツナビ「橋本真也『爆勝宣言』を作った男・鈴木修氏にインタビュー」（2008年７月11日）
https://sports.yahoo.co.jp/column/detail/200807070007-spnavi

Costas Karageorghis, David-Lee Priest. 2008. "Music in Sport and Exercise: An Update on Research and Application" *The Sport Journal* 22 (July, 2008).
Cusson, Jerome. 2010. "A Closer Look At...Gorgeous George." *PWPonderings* (October 3, 2010). https://www.pwponderings.com/2010/10/03/a-closer-look-at-gorgeous-george/ (Retrieved 2021-07-02)
Juliet Macur. 2007. "Rule Jostles Runners Who Race to Their Own Tune" *New York Times* Nov. 1.
Montagu, Jeremy, et al. 2001. "Military Music." *The New Grove Dictionary of Music and Musicians* 2nd ed. 16: 683-690.
Lawson, Francesca R. Sborgi. 2011 "Music in Ritual and Ritual in Music: A Virtual Viewer's Perceptions about Liminality, Functionality, and Mediatization in the Opening Ceremony of the 2008 Beijing Olympic Games." *Asian Music* 42(2): 3-18.
Rowe, Sharon. 1998. "Modern Sports: Liminal Ritual or Liminoid Leisure?" *Journal of Ritual Studies* 12(1) (Summer 1998) : 47-60.
Williams, Kevin. 2008. "Walk That Aisle: The Importance Of Music In Wrestling." *Bleacher Report*. NOVEMBER 22. https://bleacherreport.com/articles/84671 (Retrieved 2021-07-02).

第６章

江村哲二　2000　「湯浅譲二《クロノプラスティクII》」『季刊エクスムジカ』創刊号、123-130頁。
近藤譲ほか　1991　『現代音楽のポリティクス』書肆風の薔薇。
小沼純一　1999　『武満徹　音・ことば・イメージ』青土社。
佐々木健一　2001　『タイトルの魔力』中公新書。
佐々木健一、建畠哲　2006　「タイトルとはなにか」『現代詩手帖』2006年３月号、10-26頁。
ジュネット、ジラール　2001　『スイユ　テクストから書物へ』和泉涼一訳、水声社。
武満徹　1985　『音楽をよびさますもの』新潮社。
———　2000　『武満徹　著作集１』新潮社。
田村進　1996　『増補改訂　ポーランド音楽史』雄山閣。
沼野雄司　2017　『ファンダメンタルな楽曲分析入門』、音楽之友社。
ビュトール、ミシェル　1975　『絵画の中の言葉』清水徹訳、新潮社。
宮下誠　2006　「《梨のかたちをした三つの小品》あるいは音楽におけるタイトル論への一視座」『現代詩手帖』2006年３月号、48-54頁。
村田千尋　2006　「題名の社会史：芸術作品と題名の機能」『北海道教育大学紀要』第56巻、103-117頁。
吉松隆　2000　「十一月の階段への巨人の歩み」長木誠司、樋口隆一監修『武満徹　音の河のゆくえ』平凡社、158-171頁。
音楽芸術別冊　1999　「日本の作曲　20世紀」音楽之友社。

Adams, Hazard. 1987. "Titles, Titling, and Entitlement To." *The Journal of Aesthetics and Art and Criticism* XLVI(1): 7-21.
Fisher, John. 1984. "Entitling" *Critical Inquiry* 11(2): 286-298.
Levinson, Jerrold. 1985. "Titles." *The Journal of Aesthetics and Art and Criticism* XLIV(1): 29-39.
———. "What a Musical Work Is." *The Journal of Philosophy* 77(1) (Jan., 1980): 5-28.
Wilsmore, S. J. 1987. "The Role of the Title in Identiying Literary Works" *The Journal of Aesthetics and Art and Criticism* XLV(4): 403-408.

第7章

紀平英作　2017『ニュースクール——20世紀アメリカのしなやかな反骨者たち』岩波書店。
陸井三郎　1990『ハリウッドとマッカーシズム』筑摩書房。
シヴェルブシュ、ヴォルフガング　2015『三つの新体制——ファシズム、ナチズム、ニューディール』小野清美・原田一美訳、名古屋大学出版会。
島田真杉　1991「非米活動委員会とハリウッド：1947年ハリウッド聴聞会の意味」『アメリカ研究』第25号、63-81頁。
竹峰義和　2007『アドルノ、複製技術へのまなざし——〈知覚〉のアクチュアリティ』青弓社。
野村達郎　1995『ユダヤ移民のニューヨーク』山川出版社。
ハウ、アーヴィング、ルイス・コーザー　1979『アメリカ共産主義運動史（中）』西田勲、井上乾一訳、国書刊行会。
ベッツ、アルフレッド　1985『ハンス・アイスラー　人と音楽』浅野利昭、野村美紀子訳、晶文社。
ポリティカル・アフェアズ編集部（編）1971『アメリカ共産党の五〇年』野村八郎訳、大月書店。
ローピア、リチャード・H．1984『マッカーシズム』宮地健次郎訳、岩波文庫。

Allen, Ray, Ellie M. Hisama. 2007. *Ruth Crawford Seeger's Worlds: Innovation and Tradition in Twentieth-Century American Music*. Eastman Studies in Music.
Bick, Sally. 2003. "Hanns Eisler in Hollywood and behind the Iron Curtain," *Acta Musicologica* 75(1): 65–84.
———. 2010. "A Double Life in Hollywood: Hanns Eisler's Score for the Film Hangmen also Die and the Covert Expressions of a Marxist Composer," *The Musical Quarterly* 93(1): 90–143.
Bindas, Kenneth J. 2003. *All of This Music Belongs to the Nation: The WPA's Federal Music Project and American Society*. University of Tennessee Press.
Block, Geoffrey. 2009. *Enchanted Evenings: The Broadway Musical from 'Show*

Boat' to Sondheim and Lloyd Webber. Oxford University Press.

Ceplair, Larry. 2011. *Anti-communism in Twentieth-Century America: A Critical History*. ABC-CLIO

Ceplair, Larry, Steven Englund. 1980. *The Inquisition in Hollywood: Politics in the Film Community, 1930–1960*. University of Illinois Press.

Crawford, Richard. 2001. *America's Musical Life*. W. W. Norton.

Davidian, Teresa. 2000. "From Crawford to Cage: Parallels and Transformations," *The Musical Quarterly* 84(4): 664–695.

De Graaf, Melissa J. 2008. "The Records of the New York Composers' Forum: The Documentary Motive and Music in the 1930s," *Notes, Second Series* 64 (4): 688–701.

Eisler, Hanns. 1982. *Musik und Politik. Schriften 1948–1962*. VEB Deutscher Verlag für Musik.

———. 2013. *Briefe 1944–1951*. (Hrsg. von Maren Köster und Jürgen Schebera, Hanns Eisler Gesamtausgabe, Serie IX, Band 4.2) Breitkopf & Härtel.

Eisler, Hanns, Theodor W. Adorno. 2007. *Composing for the Films (with a new Introduction by Graham McCann)*. Continuum.

Meeks, Jack D. 2009. *From the Belly of the HUAC: the HUAC Investigations of HOLLYWOOD, 1947–1952*. Doctoral Dissertation, University of Maryland.

Thomas, Parnell J. 1947. *Hearings regarding Hanns Eisler: Hearings before the Committee on Un-American Activities, House of Representatives, Eightieth Congress, first session, Public law 601 (Section 121, Subsection Q (2)) Sept. 24, 25, and 26, 1947*. United States Government Printing Office.

Pettis, Ashley. 1940. "The WPA and the American Composer," *The Musical Quarterly* 26(1): 101–112.

Wetzel, Richard. 2013. *The Globalization of Music in History*. Routledge.

Wierzbicki, James. 2008. "Hanns Eisler and the FBI," *Music and politics* 2(2): 15–45.

著者略歴

沼野雄司（ぬまの・ゆうじ）

東京生まれ。東京藝術大学大学院博士課程修了。博士（音楽学）。現在、桐朋学園大学教授。2008年度および2020年度にハーバード大学客員研究員。著書に『現代音楽史　闘争しつづける芸術のゆくえ』（中公新書、第34回ミュージック・ペンクラブ賞）、『エドガー・ヴァレーズ　孤独な射手の肖像』（春秋社、第29回吉田秀和賞）、『リゲティ、ベリオ、ブーレーズ　前衛の終焉と現代音楽のゆくえ』『ファンダメンタルな楽曲分析入門』『トーキョー・シンコペーション　音楽表現の現在』（いずれも音楽之友社）、『光の雅歌　西村朗の音楽』（春秋社、共著）、『日本戦後音楽史　上・下』（平凡社、共著）など。国内はもとより、アメリカ、中国、オランダ、リトアニア、ジョージア（グルジア）、アイルランド、オーストリアなど多数の国際学会で発表。神奈川芸術文化財団芸術参与。

春秋社音楽学叢書

音楽学への招待

2022年12月28日　初版第1刷発行
2024年7月1日　　　第3刷発行

著　者――――沼野雄司
発行者――――小林公二
発行所――――株式会社 **春秋社**
〒101-0021東京都千代田区外神田2-18-6
電話03-3255-9611
振替00180-6-24861
https://www.shunjusha.co.jp/
印　刷――――株式会社 太平印刷社
製　本――――ナショナル製本 協同組合
譜例浄書――――株式会社 クラフトーン
装　幀――――伊藤滋章

Printed in Japan, Shunjusha.
ISBN 978-4-393-93040-3　C0073
定価はカバー等に表示してあります。

西田紘子　小寺未知留［編著］
音楽と心の科学史
音楽学と心理学が交差するとき

［春秋社音楽学叢書］音楽理論と音楽美学は心理学の知見をどのように参照してきたか。一九世紀末から現代に至る学問史をひもとき、学際的な見地から諸事例をピックアップする「音楽学の科学史」。　3080円

沼口隆　安川智子　齋藤桂　白井史人［編著］
ベートーヴェンと大衆文化
受容のプリズム

［春秋社音楽学叢書］メディアの中でベートーヴェンの姿はどのように表現されてきたのか。二〇世紀以降、文学作品や映画音楽、学校教材やTV番組等を通じて大衆へと拡散した作曲家像にせまる。　3080円

大崎滋生
史料で読み解くベートーヴェン

［春秋社音楽学叢書］「音楽史」の方法論を問う――ベートーヴェンについての虚実入り交じる伝記・逸話を篩いにかけ、作曲家の社会的・経済的な営みから比類なき創作活動の実態をとらえる。　5280円

上尾信也
国歌
勝者の音楽史

［春秋社音楽学叢書］世界の一〇〇を超える国歌を網羅的に分析し、国歌制定の歴史と背後にあるイデオロギーをナショナリズムやポストモダニズム、コロニアル・ヒストリーなどの観点からひもとく。　3080円

那須田勉
教会暦で楽しむ
バッハの教会カンタータ

バッハが生きた当時の信仰や文化との繋がりを解きほぐしながら、教会暦にもとづいて主要作品の内容を歌詞とともにわかりやすく解説。バッハの生涯や当時の演奏慣習、音源ガイドなどコラムも充実。　2970円

水谷彰良
美食家ロッシーニ
食通作曲家の愛した料理とワイン

「ロッシーニ風」料理の歴史と真実。手紙や直筆メニュー、文人らによって語り継がれた逸話、カリカチュアなどからのぞく美食家ロッシーニと一九世紀パリの食文化を味わう一冊。レシピ多数掲載。　2420円

▼価格は税込（10％）。